자존감이
쌓이는 말,

100

일의

기적

ZIKO KOUTEIKAN GA TAKAMARU!
SUKARERU HITO NI NARU! IIKAE BENRI CHOU
ⓒ 2022 Kazuaki Imai

Original Japanese edition published by Makino Publishing Co., Ltd., Tokyo, Japan
Korean edition published by arrangement with Makino Publishing Co., Ltd.,
through Japan Creative Agency Inc., Tokyo and BC Agency, Seoul

＊　＊　＊

100일 뒤, 어디서나 존중받는 사람이 된다

자존감이 쌓이는 말,
100
일의
기적

이마이 가즈아키 지음 | 이주희 옮김

동양북스

"과거와 타인은 바꿀 수 없다.
바꿀 수 있는 것은 미래와 자신뿐이다."

_ 정신과 의사 에릭 번

하루, 이틀, 삼일······ 마침내 백일!

나 _____ 는(은)

펩 토크를 실천하며
자존감을 100% 충전할 것이다.

그러면
모든 것은 내가 생각한 대로 이루어지기 시작할 것이다.

언어 습관을 바꾸면
어디서나 존중받는 사람이 된다!

말투를 바꾸면 인생이 빛나기 시작한다!

안녕하세요. 이 책을 선택해주셔서 감사합니다.

저는 내과 의사 이마이 가즈아키라고 합니다. 입호흡을 코호흡으로 바꾸는 '아이우베 입 체조'를 소개한 의사라고 하면 혹시 기억이 나실지도 모르겠네요.

이 책은 나의 일상을 편안하게 만들면서 그와 동시에 인간관계도 원만하게 만들어주는 '말투 교정 사전'입니다. 100일 동안만이라도 말투를 바꿔서 연습하면 당신의 세계는 크게 바뀌고 인생도 빛나기 시작할 겁니다. 이 말을 듣고 너무 과장하는 거 아니냐고 말하는 사람도 있겠지만, 말의 힘은 정말 강력합니다.

일을 하다 실수를 해버렸는데 '나는 안 되는구나'라는 말을 내뱉으면 더 의기소침해져서 자신감이 바닥에 떨어지고 또 다른 실수를 하게 됩니다.

그와 반대로 자신 없던 일도 '어떻게든 되겠지! 한번 해보자!'라는 긍정적인 말을 하며 도전하거나 상사의 격려를 받으면 상상 이상의 결과가 나오기도 합니다.

신기하게도 부정적인 말을 사용하면 부정적인 현실을 끌어당기고, 긍정적인 말을 사용하면 긍정적인 현실을 끌어당깁니다. 그래서 평소에 부정적인 말을 긍정적인 말로 바꾸는 습관을 들여야 합니다. 이것은 인생을 바꿀 수도 있는 정말 중요한 습관입니다.

독자 여러분 중에는 "내과 의사가 왜 이런 책을 썼지?"라고 이상하게 생각하는 분들도 있으시죠. 그러나 사실 의료인과 환자 사이에 오가는 말의 내용은 정말 중요합니다. 어떤 언어를 사용하느냐에 따라 환자의 상태와 의료인의 상태가 달라진다고 해도 과언이 아니기 때문이죠.

예를 들어 신생아 집중 치료실(NICU)에서 외부인이 의료팀에게 예의에 어긋나는 말실수를 하게 되면 의료 사고는 물론 신생아 사망률까지 높아진다는 연구 결과가 있습니다. 언어폭력을 당한 후에는 진단 및 치료 과정에서 실수가 발생한다는 보고서도 있습니다.

이렇듯 말투 하나 때문에 팀워크가 나빠지거나 훌륭한 재능을 발휘하지 못하는 경우는 셀 수 없이 많습니다.

의료 기술은 나날이 발전하고 있습니다. 최근에는 신종 코로나바이러스를 비롯한 새로운 위협과 그에 관한 정보가 셀 수 없이 쏟아지고 있습니다. 자신의 전문 분야를 공부하기도 힘든 상황이지만, 의사는 항상 새롭게 쏟아지는 의학 상식과 발전하는 의료 기술에 대해 공부해야 합니다.

하지만 간과하지 말아야 할 것은 치료의 주체가 살아 있는 환자라는 것입니다. 아무리 새로운 정보와 기술을 갖고 있어도, 환자 자신이 의욕적으로 치료에 임하고 긍정적인 마음으로 조언을 받아들이지 않으면 좋은 결과가 나올 수 없습니다.

그런데 몸이 아파서 걱정과 불안이 늘어나거나 나이가 들어서 체력과 인지력이 떨어지면 판단력이 흐려지고 실행력도 쇠퇴하는 경우가 많습니다. 게다가 사람이 몸이 아프면 심리적으로도 위축됩니다. 옴짝달싹하지 못할 정도로 몸이 천근만근 무거워져서 아무것도 할 의지가 생기지 않기도 하죠.

그러면 또 그런 자기 자신을 탓하면서 오히려 증세가 악화되는 경우도 적지 않습니다. 시야가 좁아지고 판단력이 흐려지면서 잘못된 선택을 하기도 합니다. 암 환자가 수상한 건강식품이나 민간요법에 의지하는 경우가 대표적인 예입니다.

당연한 이야기지만 환자의 기분을 이해하고 공감할 수 있는 도구는 '말'입니다. 그래서 저는 계속 호흡법에 대한 연구와 함께 '말'과 '커뮤니케이션'에 대해서도 공부했습니다. 그것을 총정리한 것이 바로 이 책입니다.

지금까지는 주로 의료진과 환자 사이에서 일어나는 대화를 예로 들었지만 본문에서는 더 다양한 상황에 대한 이야기가 나옵니다. 특히 직장 내 인간관계에서 벌어지는 대화 때문에 많은 사람들이 고민과 불안, 걱정에 휩싸입니다. 모든 것이 자기 탓인 것만 같아 일에 대한 의욕이 떨어졌던 경험은 누구에게나 있을 겁니다.

'어쩌다 내가 이렇게 됐지…….'
'왜 나한테 이런 일이 일어났지…….'

그럴 때 우리는 이렇게 독백하며 신세를 한탄합니다. 특히 자신의 존재나 지금까지 쌓아온 경력을 부정당하는 경험을 했을 때 심한 좌절감을 맛봅니다. 이런 사람들이 다시 힘을 내려면 어떻게 해야 할까요? 저는 그 점에 주목했습니다. 이들에게 힘과 활력을 북돋아주기 위해서 필요한 것도 역시 말의 힘, 즉 '펩 토크'입니다.

　마음이 가라앉았을 때 용기를 주고, 부정적인 생각에 빠졌을 때 다시 새로운 한 걸음을 내디딜 수 있게 해주는 것이 바로 펩 토크입니다. 펩 토크는 우리가 일상생활에서 무심코 썼던 부정적인 언어를 긍정적인 언어로 바꿔서 쓰는 기법을 말합니다. 이 기법을 적재적소에 사용하기만 해도 스스로의 자존감이 올라가고 인간관계가 좋아지는 기분을 느낄 수 있을 겁니다. 그렇게 되면 매일매일 기분 좋은 상태로 지낼 수 있게 됩니다.

실제 사람의 몸에 약이 되는 말, '의학적 펩 토크'

제가 말의 힘이 얼마나 강력한지를 알게 된 것은 중증 환자를 담당하는 집중 치료실에서 일하다가 종합 진료부라는 부서로 이동했을 때입니다. 집중 치료실 환자의 대부분은 인공

호흡기를 달고 있기 때문에 말을 하는 사람이 거의 없습니다. 당연히 말에 대해서 연구할 필요도 없었죠. 그런데 종합 진료부로 옮기고 나니 진료할 때 환자와 커뮤니케이션을 나눠야 했습니다. 그때 새삼 '아, 환자는 원래 이렇게 말하는 존재였지'라는 생각이 들었습니다. 그때 부서를 옮기면서 환자와 의료진 사이의 커뮤니케이션에 대한 '의료 면접 기법'을 배웠던 것이 결정적 계기가 되었습니다. 이 과정에서 실제 환자는 물론 모의 환자를 대상으로 사소한 말투나 동작 하나를 다르게 했을 때 얼마나 많은 변화가 있는지를 알고 나서 말의 힘이 얼마나 강력한지를 몸소 느꼈던 거죠. 그 후 저는 다양한 커뮤니케이션 기법에 대해 공부했습니다. 코칭과 NLP(신경 언어 프로그래밍), 동기부여 면접, 분노조절 관리 등을 다룬 책들도 계속 읽었고 이와 관련된 세미나와 연수 프로그램에도 참가했습니다. 결과는 놀라웠습니다. 진료 보는 과정에서 배운 것을 실천해보니 정말로 환자의 반응이 달라졌던 겁니다.

그러나 또 한편으로는 좀 더 전문적으로 언어 치료에 대해서 공부해보고 싶다는 생각이 들기도 했습니다. 또 병원에는 의사만 있는 것이 아닙니다. 간호사, 물리치료사, 검사기사, 의료 사무직, 관리 부서 등등에서 일하는 모든 직원이 함께 공부를 해야 더 효과를 낼 수 있는데 현실적으로 쉽지 않은 일입니다. 모두가 그날 처리해야 할 업무 때문에 바쁘게 일하느라 정신이 없기 때문이죠.

이런 문제의식을 느끼던 중에 펩 토크에 대해 알게 되었습니다. 펩 토크는 미국에서 시작됐는데, 스포츠 심리학에서 쓰는 용어로 상대방에게 힘과 활력을 주는 '긍정적인 말하기 기술'입니다. 원래는 스포츠에서 시작되었지만 현재는 여러 분야로 확장해서 사용하고 있는데 이것을 국내 사정에 맞게 재구성한 것이 일본 펩 토크 보급협회에서 만든 펩 토크였습니다. 협회의 대표이사인 이와사키 요시즈미 씨의 책을 읽어봤더니 내용이 폭넓으면서도 깊이가 있을뿐더러 초등학생도 금방 알아듣고 따라 할 수 있을 정도로 쉽고 재미있었습니다. 이런 내용이라면 병원에서 일하는 다른 직원들과 함께 읽고 실천해볼 만하다는 생각이 들었던 저는 노력 끝에 2020년에 펩 토크 보급협회가 인증하는 강사가 되었습니다. 의사 중에서는 제가 처음이었습니다.

저는 이 과정에서 말이 사람의 몸과 마음을 낫게 하는 힘이 있다는 것을 의학적 근거를 통해 더 구체적으로 알게 되었고 실제 환자와 의료진이 만나는 현장에서 '약이 되는 말'을 활용하고 싶었습니다. 그래서 제가 운영하는 병원에서 실천하고 있는 펩 토크를 '의학적(메디컬) 펩 토크'라고 이름 붙였습니다.

설교나 명령으로는 의욕이 생기지 않는다!

의학적 펩 토크는 의료 현장뿐만 아니라 가정, 학교, 회사에서도 응용해서 쓸 수 있습니다. 실제로 저희 병원 직원들이 일할 때 외에 자신의 일상생활에서 이를 활용해본 이후 이런 피드백을 전해주었습니다.

> "그 누구랑도 사이좋게 지낼 수 있게 됐어요."
> "말투를 바꿨더니 팀워크가 좋아졌어요."
> "업무 효율이 높아졌어요."
> "제가 스스로를 존중하게 된 것 같아요."

그리고 '펩'이라는 말의 어감도 참 귀엽고 좋은 것 같습니다. 부디 많은 분들이 펩 토크를 알게 되었으면 좋겠습니다. 펩 토크의 펩(pep)은 영어로 '생기, 활기'라는 뜻입니다. '기

력을 북돋우다, 생기를 불어넣다'라는 뜻으로 'pep up'이라는 관용어구를 쓰기도 합니다. 그렇다면 'pep'의 반대말은 뭘까요? '생기'나 '활력'의 반대는 '무기력' 혹은 '병' 같은 말일 거예요. 이 책에서는 펩 토크의 반대말로 '푸페(プッペ) 토크'라는 단어를 사용하겠습니다('펩'의 가타카나 표기 ペップ를 거꾸로 읽으면 '푸페'가 된다 – 옮긴이).

펩 토크와 푸페 토크는 큰 차이가 있습니다.

펩 토크는 '긍정적인 언어로, 상대방의 상황을 있는 그대로 받아들이면서도 짧고 알기 쉽게 의욕을 북돋는 말'입니다. 그와 반대로 푸페 토크는 '부정적인 언어로, 상대를 긴장하게 만들면서 위협하는 말'입니다. 여기서 강조하고 싶은 것은 펩 토크와 푸페 토크 모두 '행동을 촉구하고', '목표를 달성하길 원한다'는 목적은 같지만, 그것을 표현하는 수단과 방법이 전혀 다르다는 것입니다. 위협이나 공포심을 불러일으키는 푸페 토크는 일시적으로 행동을 바꾸기는 하지만 근본적인 변화를 기대할 수는 없습니다. 여러분의 학창 시절을 한번 떠올려보세요. 협박이나 명령어를 쓰는 선생님의 조언을 듣고 마음을 고쳐먹거나 행동을 바꾼 적이 있었는지를요. 처음에는 따라가는 척하더라도 결국에는 유명무실해지지 않았나요?

물론 푸페 토크도 필요할 때가 있긴 있습니다. 예를 들어 운동선수가 코치나 감독에게 트레이닝받을 때를 들 수 있는데, 이때는 중요한 전제조건이 하나 있습니다. 그것은 푸페 토크를 사용하는 코치나 감독이, 그 선수가 이미 전적으로 신뢰하는 사람이어야 한다는 겁니다. 그렇지 않을 경우 역효과가 나기 십상이기 때문이죠. 그래서 푸페 토크는 함부로 사용하면 안 됩니다. 특히나 어린 학생들이나 아이들에게는 펩 토크가 필요합니다. 초보자들에게는 펩 토크, 좀 더 실력을 업그레이드하기를 원하는 사람에게는 푸페 토크를 구분해서 사용할 필요도 있습니다. 물론 그 모든 경우에도 의욕을 북돋아주면서 장기적인 목표를 이루기 위해서는 펩 토크가 제격입니다.

하루에 혼잣말하는 횟수 4만~7만 번

최근 몇 년 동안 많은 사람들이 코로나19 사태를 계기로 누군가와 대화할 시간이 줄어들었다고 말하고 있습니다. 그런데 그 대신 늘어난 대화가 있습니다. 바로 혼잣말입니다. 네? 아니라고요? 하루 종일 아무 말도 한 적이 없다고요? 그럴 리가 없습니다.

'오늘은 뭘 먹을까.'

'머리하러 가야겠네.'

'전화 요금 내는 날이네.'

'바쁜 일이 생겼으니까 일정을 다시 짜야겠다.'

이런 식으로 하루 종일 자기 자신과 대화를 하고 있으니까요. 이런 대화를 '셀프 토크'라고 합니다. 자기 대화라고도 하는데 위 예시 이외에도 '아~ 또 안 됐네', '심심해', '귀찮아', '아 너무 힘들어', '좋네!', '잘됐다' 등등 습관처럼 하는 말도 셀프 토크의 한 종류입니다. 이런 셀프 토크에도 크게 2가지가 있습니다. 긍정적인 '셀프 펩 토크', 그리고 부정적인 '셀프 푸페 토크'입니다. 우리는 하루에 이 셀프 토크를 4만~7만 번 하고 있기 때문에 가볍게 생각해서는 안 됩니다. 만약 대부분의 셀프 토크가 푸페 토크라면 어떻게 될까요?

만약 당신이 하루 종일 다른 사람에게 부정적인 말을 들으면 어떨지 상상해보세요. 그렇게 되면 삶이 점점 우울해지고 몸 상태까지 망가질 수도 있습니다. 실제로 자존감이 낮은 사람은 셀프 푸페 토크를 많이 한다는 사실도 밝혀졌습니다.

그와 반대로 셀프 펩 토크를 많이 하는 사람은 어떨까요? 신기하게도 스스로 운이 좋다고 '믿으면' 골프 점수가 좋아진다는 연구 결과가 있을 정도입니다. 낙관적인 사람과 그렇지 않은 사람은 수술 후의 회복 속도가 다르다고 합니다. 그렇다고는 해도 내 기분을 내가 조절하는 것은 생각보다 쉽지 않습니다. 그러므로 우선은 평소에 내가 쓰는 말을 긍정적으로 바꾸면서 서서히 기분의 변화를 유도해야 합니다. 옆자리에 늘 불평만 하는 동료가 있거나 부정적인 말만 늘어놓는 사람이 내 상사라면 어떨까요? 상상만 해도 우울해집니다. 만약 이런 상황에 처해 있다면 더더욱 스스로에게 활기를 주기 위해서 셀프 펩 토크를 해야 합니다.

할 거야, 할 거야, 반드시 난 할 거야

셀프 펩 토크에는 한 가지 중요한 원칙이 있습니다. 그것은 바로 긴 문장이 아니라 짧고 기억하기 쉬운, 라임이 맞는 말을 사용하는 것입니다. "Yes, we can!"이나 "You can do it" 같은 짧은 문장이 대표적입니다. 인간의 뇌는 많은 것을 기억하기 어렵기 때문에 이런 짧은 문장을 만들어서 되뇌는 게 좋습니다. 337 박자에 맞춘 문장이면 더욱 좋습니다.

저도 아침에 운동을 할 때마다 지치거나 힘이 빠지면 '할 거야, 할 거야, 반드시 난 할 거야'나 '될 거야, 될 거야, 어제보다 잘될 거야'라는 말로 저 자신을 '펩 업'합니다. 그러면 신기하게도 힘이 납니다. 물론 '괜찮아!', 'I'm OK' 등 더 짧은 문장도 같은 효과를 발휘합니다. 이 책에서는 지금까지 이야기한 펩 토크를 100일 동안 하나씩 연습해보려고 합니다. 또 마지막 10장에서는 실제 의료 현장에서 사용할 수 있는 의학적 펩 토크를 소개합니다. 독자 여러분이 처해 있는 상황에 따라 응용할 수 있는 부분을 활용해보세요. 부디 여러분 주변에도 좋은 말이 흘러넘치기를 바랍니다.

이마이 가즈아키

1장

자존감을 높이는 말

" 혼잣말만 살짝 바꿔도 긍정적인 사람이 된다!

자존감이란 자기 자신을 긍정하는 기분이나 감각을 말합니다. 어린 시절에 겪은 어른과의 관계 및 지금까지의 경험에 따라 그 크기가 결정됩니다. 자존감이 높은 사람은 자신감이 있고 긍정적입니다. 그와 반대로 자존감이 낮은 사람은 자신감이 없고 죄책감이나 열등감에 휩싸여 자신을 부정적으로 생각하는 경향이 강합니다. 남이 나를 어떻게 생각하느냐가 아니라 내가 나 자신을 어떻게 생각하느냐가 바로 자존감이기 때문이죠.

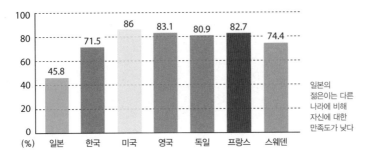

'자신에게 만족한다'고 답변한 젊은이의 비율

일본의 젊은이는 다른 나라에 비해 자신에 대한 만족도가 낮다

※만 13~29세의 남녀, 답변 수 총 7431, 조사 시기 2013년 11~12월, 내각부 조사

바로 그런 점 때문에 무의식적으로 튀어나오는 혼잣말만 살짝 바꿔도 자존감을 높일 수 있습니다. 자존감은 말에 큰 영향을 받는데 남이 나에게 해준 말뿐 아니라 내가 스스로에게 하는 말에도 마찬가지로 큰 영향을 받습니다. 앞서도 이야기했지만 사람들이 마음속으로 자기 자신에게 하는 혼잣말은 하루에 4만~7만 번이나 된다고 합니다. 사람의 몸과 마음은 밀접한 관계를 맺고 있기 때문에 하루 종일 스스로에게 부정적인 혼잣말을 하다 보면 우울감이 생기고 자존감은 낮아질 수밖에 없습니다. 그렇게 되면 '나는 뭘 해도 안 돼' 같은 부정적인 자아상을 만성적으로 느끼게 되고 이것이 결국에

는 강한 스트레스를 유발합니다. 이 스트레스가 우리 몸의 건강을 유지하는 자율신경에 악영향을 끼쳐서 건강을 망가트립니다.

그와 반대로 긍정적인 말은 자신감을 심어주기 때문에 자존감까지 높여줍니다. 무슨 일이 있어도, 설사 나쁜 일이 생겨도 '나는 괜찮아'라고 받아들일 수 있게 되면 불안이나 우울도 최소한으로 끝내고, 스트레스도 그다지 느끼지 않게 됩니다. 자존감이 강해지면 자연스럽게 이런 일이 가능해집니다. 즉, 마음뿐만 아니라 몸도 건강하게 유지할 수 있게 되는 거죠.

심신의 건강은 회사일이나 집안일 같은 일상생활에 지대한 영향을 끼칩니다. 거의 삶을 좌우한다고도 볼 수 있죠. 그러므로 자존감을 높이는 것은 매일매일 기분 좋게 살기 위해 꼭 필요한 마스터키와 같습니다.

자존감은 내 일상의 행복을 결정하는
마스터키!

자존감
DOWN↓
푸페 토크

❌

미안해요 → 고마워요

자존감
UP↑
펩 토크

⭕

'미안해요'를 '고마워요'로 바꿔 말하는 게 좋다는 것은 어디선가 한 번쯤 들어본 적이 있을 겁니다. 실제로 '고마워요'라는 말을 많이 할수록 심신의 건강 수치가 높아지고 업무 실적이나 질병 치유율이 상승했다는 연구 결과도 보고된 바 있습니다. 한 연구에 의하면 어느 회사에서 직원들에게 '미안해요'를 '고마워요'로 바꿔 말하게 한 결과 대화가 눈에 띄게 늘어났다고 합니다. 일이 한꺼번에 몰려서 힘들어하는 직원이 생기면 다른 직원들이 스스로 나서서 도와주는 일도 많아졌다고 합니다.

'미안하다'는 말은 직접적으로는 사죄의 의미로 쓰이지만 다른 사람이 어떤 일을 도와줬을 때 '수고를 끼치게 되어 마음이 괴롭지만 도움이 되었다'는 의미로도 쓰입니다. 그러므로 감사하다는 의미까지 포함되어 있는 거죠.

그런데 감사하다고 말해야 하는 순간에도 미안하다는 말을 자주 사용하게 되면 어떻게 될까요? 항상 사죄하는 마음 상태가 됩니다. 그러면 본인이 의도치 않아도 마음에 부채 의식이 쌓이는 게 인지상정이에요. 일상적으로 마음이 빚진 상태가 되면 죄인이 된 기분이 듭니다. 그렇게 되면 자연스럽게 자존감은 하락할 수밖에 없습니다. 그러므로 누군가에게 감사한 마음이 들 때는 그냥 있는 그대로 '고마워요', '고맙습니다'라고 표현합시다. '미안해요'라고 하지 말고요.

'미안하다'는 말을 입에 달고 사는 것은
스스로를 죄인으로 만드는 것과 같아요.

자존감
DOWN↓
푸페 토크

✕

너무
어려워

자존감
UP↑
펩 토크

◯

보람이
있을 거야

☹ → ☺

'어렵다'라는 말은 어떻게 보면 참 편리합니다. 일적인 문제에서나 인간관계에서나 '할 수 없다', '나에겐 무리다'라는 의도를 내비칠 때 사용하면 편하기도 합니다. 그런데 한번 생각해보세요. 무심코 자기 자신에게 '어렵다'는 말을 너무 많이 쓰고 있는 건 아닐까요? 만약 당신이 하고 싶은 일이 있을 때, 어떤 목표가 있을 때, 처음부터 혹은 약간 시도해본 후 '아, 참 너무 어렵네'라고 말해버리면 어떻게 될까요? 그렇게 말하면서 지레 겁을 먹으면 당신의 가능성이 더욱 좁아질 위험이 있습니다. 스스로 자신의 한계를 규정 짓는 사람과 자신의 성장 가능성을 열어놓는 사람이 있다고 칩시다. 두 사람의 현재 상황이 똑같다고 해도 이후 전개 과정은 완전히 다를 수 있다는 걸 기억해보세요.

내가 이미 스스로 '어렵다'는 말에 나를 가둬버리면 뇌는 그때부터 생각을 멈추고 할 수 있는 일도 할 수 없을 거라 단정 지어버립니다. 이런 일이 자주 발생하면 어떻게 될까요? 자기 확신이 아니라 자기 부정이 많아집니다.

그러므로 내 맘대로, 내 생각대로 일이 풀리지 않을 때 '어렵다'고 생각하기보다는 '이것이야말로 다음 단계로 넘어갈 기회다', '어려운 일이기 때문에 이 과정을 잘 보내고 나면 보람이 있을 것이다'라고 생각해보면 어떨까요? 그러면 훨씬 더 가벼운 마음으로 일에 몰두할 수 있을 겁니다.

"지나고 나면 보람이 있을 거야", "시간이 조금 걸릴 수도 있지만 보람이 있을 거야", "뇌를 훈련하는 거야"라고 바꿔 말하거나, "이 일이 끝나면 나는 어떻게 바뀌어 있을까"라고 어려운 상황을 뛰어넘은 후의 내 모습을 상상해보는 것도 좋은 방법입니다.

어려운 일이 생겼다는 것은
새로운 나를 만날 기회가 생겼다는 것과 같은 말!

자존감을 높이는 말

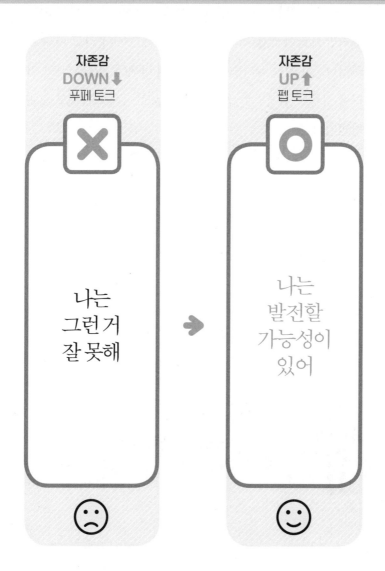

자존감
DOWN ↓
푸페 토크

✕

나는
그런 거
잘 못해

자존감
UP ↑
펩 토크

○

나는
발전할
가능성이
있어

누구나 "나는 ○○를 못해"라고 생각하고 말한 적이 있을 겁니다. 그런데 이를 뒤집어서 생각해보면 이 안에는 또 어떤 다른 문장이 숨어 있을까요? 바로 "나는 ○○를 못하기 때문에, 그만큼 발전할 가능성이 있어"라는 문장입니다. 스스로 "나는 이 일을 할 수 없어"라고 단정 지을 때 혹은 누군가에게 "저는 그런 건 잘 못하는데요"라고 말하게 될 것 같으면 이렇게 바꿔서 말해보면 어떨까요? "지금은 못 하지만, 앞으로는 할 수 있게 될 가능성이 있다", "지금 잘 못하는 만큼 앞으로는 더 발전할 가능성이 있습니다"라고 말이에요.

예를 들면, 막 태어난 아기는 누가 봐도 '스스로는 아무것도 할 수 없는' 상태지만, 그것을 부정적으로 생각하는 사람은 없습니다. '걷기' 하나만 봐도 몇 번이나 도전해야 합니다. 기어 다니다가, 물건을 잡고 겨우 일어서다가 드디어 걸을 수 있게 됩니다.

'할 수 있다 · 할 수 없다'는 '100 아니면 0'이 아닙니다. 0이 1이 되면 '할 수 있는 것에 가까워졌다'고 말할 수 있습니다. 여기서 소개하는 말투 교정은 이런 생각을 바탕으로 한 것입니다.

5년 전, 10년 전의 자신을 떠올려보는 것도 좋습니다. 회사

일이든 공부든 운동이든 지금보다는 훨씬 못하던 시절이 있을 겁니다. 여러 시행착오 끝에 잘하게 된 일을 떠올려보세요. 그러면 상상하는 것도 수월해집니다. "나는 앞으로 ○○를 더 잘할 가능성이 있다!"라고 말하면서 자신의 미래를 상상해보는 겁니다.

나이 든 사람들이 공통적으로 하는 말 중 하나는 '그때 내가 그걸 했더라면……'이라고 합니다. 했던 일에 대해서 후회하는 게 아니라 하지 않은 일에 대해 후회한다는 거죠. 그러므로 "나는 그런 거 못해"라고 말하기 전에 '나는 발전할 가능성이 있어'라고 되뇌면서 방법을 찾아보면 앞으로의 길이 보이고 새로운 가능성도 발견하게 될 것입니다.

'할 수 없다'는 말 뒤에는
'가능성이 무궁무진하다'는 말이 숨어 있다고요!

자존감을 높이는 말

자존감
DOWN↓
푸페 토크

자존감
UP↑
펩 토크

아, 너무
힘들어

→

아, 나는
성장하고
있구나

지금 당신이 회사에서 남들이 할 수 없는 일을 하고 있다면 그만큼 일적으로 성장했다는 증거이기도 합니다. 1년 전, 2년 전, 5년 전의 당신이었다면 '나한테는 벅차다'라고 생각했을 일을 지금은 처리할 수 있게 되었나요? 그렇다면 '아, 힘들다~'라고 말하던 습관을 '(성장을 위해) 노력하고 있구나~'라고 바꿔보세요. 꼭 일적인 부분이 아니더라도 괜찮습니다. 인간관계든 연애든 운동이든 내가 힘들다는 느낌이 드는 일은 그만큼 노력하고 있다는 방증이니까요.

노력하고 있지 않다면 힘들다는 생각도 들지 않기 때문입니다. 하지만 한번 '아, 너무 힘들어'라는 생각에만 빠져버리면 바로 눈앞의 일에만 급급해지고 시야도 좁아지기 쉽습니다. 이럴 때일수록 펩 토크가 필요합니다. "아, 내가 그만큼 노력하고 있구나!"라고 자신을 격려해줍시다. 새로운 일을 시작했을 때는 작은 난관에도 힘들다고 느끼지만 익숙해지고 나면 여러 가지가 편해집니다. 힘들다는 생각이 들지라도 시간이 흐르면서 점점 단련이 되는 자기 자신을 느낄 수 있을 거예요. 작은 목표를 세분화해서 하나씩 하나씩 달성하면서 성취감을 느껴보세요. 그러면 힘든 일을 극복하는 것이 조금씩 쉬워질 겁니다.

한꺼번에 모든 것이 해결되지 않는다고 힘들어하지 마세요. 때로는 반 걸음씩 혹은 한 걸음씩, 계속 시행착오를 겪으면서 이전보다 더 성숙해진 자기 자신을 느껴보세요.

'지금 힘들다'는 것은 '성장하고 있다'는 뜻이에요.

자존감을 높이는 말

day
005

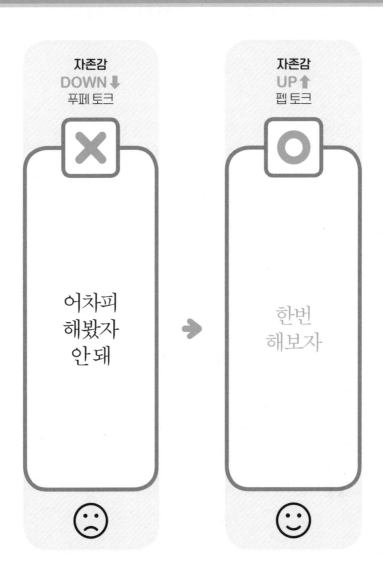

자존감
DOWN↓
푸페 토크

✖

자존감
UP↑
펩 토크

◯

어차피
해봤자
안 돼

➡

한번
해보자

:(

:)

'어차피'는 자신의 능력을 부정할 때 자주 씁니다. '어차피 해 봤자 안 돼', '어차피 못하는 일이야', '어차피 내 운명은 정해 져 있어' 등등 자신의 존재를 부정하거나 현재 할 수 없는 일 에 대해 변명을 늘어놓는 문장에서 사용할 때가 많은 거죠. 그런데 이 단어를 많이 쓰면 쓸수록 자기 자신에 대한 부정적 인 이미지가 마음에 각인된다는 게 문제예요. 자기도 모르는 사이에 스스로를 깎아내리게 되는 거죠. 그러므로 혹시라도 이 말이 튀어나올 것 같으면 "OK!"라는 의미를 담고 있는 다 른 문장으로 바꿔서 말해보세요. "한번 해보자", "방법을 한번 찾아보자", "좋은 아이디어야" 같은 긍정적인 문장으로 말이 에요.

저희 병원 환자들 중에서도 '어차피'라는 단어를 입에 달 고 사는 분들이 있습니다. 그러면 새로운 치료법을 소개해도 부정적인 생각이 이미 습관이 되어버려서 받아들이지를 않 습니다. 그렇게 마음을 닫아버리면 치료하기가 정말로 힘들 어집니다. 만약 스스로 이런 말을 자주 하고 있다고 생각한다 면 부정적인 생각을 일단 멈추고, '한번 해보자'라는 말을 입 밖으로 내보세요. 한 번, 두 번, 세 번 이 말을 자주 사용하는 것만으로도 마음에 긍정적인 기운이 싹트고 지금까지 삶의

패턴을 바꾸는 데 도움이 됩니다.

　여태까지 살면서 겪었던 고생은 쓸데없지 않습니다. 모두 지금의 나를 만드는 데 귀중한 경험이니까요. 앞으로도 마찬가지예요. 한번 시도해본 후 혹시 실패할지라도 나에게는 귀한 경험이 남는 거라 생각해보세요. 그러면 훨씬 더 도전하기 수월해질 거예요.

해도 후회하고 안 해도 후회한다면,
일단 한번 해보는 게 좋아요!

자존감을 높이는 말

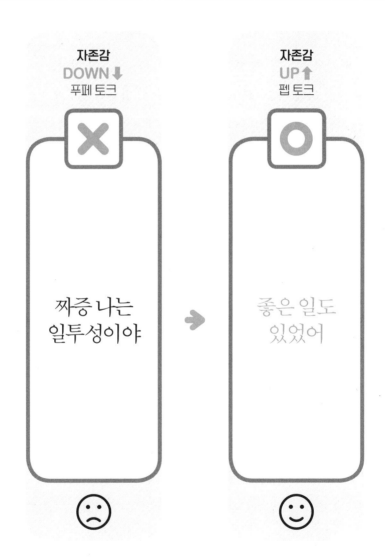

자존감
DOWN ↓
푸페 토크

자존감
UP ↑
펩 토크

짜증 나는
일투성이야

좋은 일도
있었어

우산을 잃어버린 날에는 꼭 비가 오고, 우울한 날에는 꼭 컴플레인 전화만 걸려옵니다. 이런 야속한 일들이 계속되면 퇴근길에 자기도 모르게 "오늘 정말 짜증 나는 일투성이야'라는 말이 절로 나옵니다. 하지만 잠깐 생각해봅시다.

여기서 말하는 '투성이'는 '~만'이라는 뜻인데 정말로 오늘 하루 종일 짜증 나는 일'만' 있었나요? 찬찬히 생각해보면 그 와중에 좋은 일 하나쯤은 끼어 있지 않았나요? 사람의 말이라는 것은 참 신기해서 밖으로 내뱉으면 더욱 강력해지는 특징이 있습니다. "오늘 정말 짜증 나는 일투성이야"라고 입 밖으로 내뱉으면 '짜증 나는 일'이 의식적으로 더 생각나고 그러면 기분이 더 우울해지는 거죠. 그러므로 "오늘 좋은 일도 있었어"라고 바꿔 말해보세요. 그러면 오늘 몇 안 되는 좋은 일을 의식적으로 떠올리게 되고 기분이 좀 더 나아지니까요.

디즈니 영화와 일본 애니메이션으로도 만들어진 〈폴리안나(Pollyanna)〉라는 작품이 있습니다.

이 작품 속 주인공인 소녀는 고아가 된 후 할머니 집에 가서 살게 됩니다. 그 이후 여러 힘든 상황 속에서도 소녀는 아버지가 가르쳐준 대로 '좋은 일 찾기'를 시도합니다.

예를 들어 병에 걸린 할머니의 머리에 꽃을 꽂아줍니다. 할머니가 "어차피 꽃은 시들 텐데 뭐하러…"라고 말하면 "할머니, 꽃은 시드는 게 좋아요. 그래야 또 다른 꽃을 꽂아드리는 즐거움을 누릴 수 있으니까요"라고 말하는 거죠. 이 소녀가 하는 '좋은 일 찾기'가 바로 펩 토크의 좋은 예입니다. 이것이 습관이 되면 괴롭고 힘든 일 속에서도 언제나 하나 정도는 행운을 발견해내는 능력이 생겨납니다.

불행 속에서도 뭔가 반짝반짝 빛나는 행운이
하나쯤은 들어 있다고요!

자존감을 높이는 말 day **007**

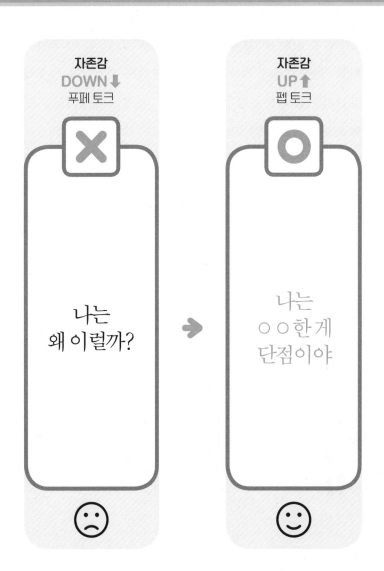

정말 많은 사람들이 '나는 진짜 왜 이럴까?', '나는 도대체 왜 이럴까?'라는 말을 무심코 합니다. 하지만 사람은 원래 완벽할 수 없습니다. 실수를 하거나 단점이 없는 사람은 이 세상에 없으니까요. 뭔가 큰 실수를 했을 때 이런 말로 자책해버리면 자신의 장점은 전혀 없는 것처럼 느껴집니다. 그러므로 만약 실수를 했다면 '아, 나는 이러이러한 점이 단점이야' 정도로만 말하고 더 이상 부정적인 말은 하지 않는 연습을 해보세요. 그러면 한결 스스로를 객관적으로 바라보는 여유가 생깁니다. 마음의 여유를 갖고 스스로를 바라볼 수 있게 되면 단점을 개선할 방안도 더 쉽게 떠오를 수 있어요.

이와 관련해서 저희 병원에 찾아온 한 40대 여성 환자가 생각납니다. 그녀는 유명한 의사에게 진찰받으러 갔다가 "환자분은 RF(류마티스 인자) 수치가 나빠서 5년 후에는 교원병(膠原病: 피부, 힘줄, 관절 따위의 결합 조직이 변성되어 아교 섬유가 늘어나는 병을 통틀어 이르는 말)에 걸릴 위험이 있습니다"라는 말을 듣고 불안과 절망에 빠진 상태에서 저희 병원에 왔습니다. 그런데 찬찬히 이야기를 들어보니 검사는 딱 한 번 받았을 뿐이고, 제가 판단하기에 RF 수치가 그렇게 나왔다고 해도 100퍼센트 교원병에 걸리는 건 아니었습니다. 그래서 "환자분, 검사 딱 한 번으로 100퍼센트 교원병에 걸린다고 단정할 수는 없어요. 그리고 만약 교원병에 걸렸다고 해도 식이요법, 호흡법 등으로 충분히 개선할 수 있으니까 그렇게까지 걱정하지 않으셔도 돼요"라고 설명했습니다. 그제야 환자는 불안한 마음을 가라앉히고 편안한 자세로 돌아왔습니다. 이렇듯 불안한 마음에 사로잡혀버리면 객관적인 판단을 잘 하지 못하게 됩니다. 그러니까 무엇보다 중요한 건 현재 나의 상황을 냉정하게 파악하는 거라는 사실, 잊지 마세요.

실수를 했다면,
어떤 게 단점인지만 생각해보세요.

자존감을 높이는 말

자존감
DOWN ↓
푸페 토크

❌

나한테는
절대 무리야

☹

자존감
UP ↑
펩 토크

⭕

가능성이
아예
없진 않아

☺

여러분은 평소에 "더 이상은 무리야", "나한테는 무리야"라는 말을 자주 쓰시나요? 그렇다면 앞으로는 이 말을 아껴두는 습관을 들여봅시다. 정말 절대적으로 무리인 상황에서 쓰기 위해 남겨놓자는 겁니다. 어떤 사람이 제안을 하거나 자신의 의견을 피력할 때 이런 말로 부정하면 어떻게 될까요? 가능성의 여지를 싹둑 잘라버리기 때문에 다시는 당신에게 어떤 제안도 하지 않을 가능성이 커집니다. 또 누군가 당신에게 "이렇게 해보면 어때요?"라고 방법을 제시할 때도 "무리예요"라고 답해도 마찬가지죠. 그렇게 답하는 사람에게 좋은 방법을 알려주고 싶진 않을 테니까요.

제 환자 중에서 재활 치료 중인 60대 골절 환자가 있었습니다. 그는 근력이 좀처럼 돌아오지 않자 "아, 이제 더 이상은 무리야"라면서 비관에 빠졌습니다. 그래서 저는 이런 말을 해드렸습니다. "환자분 몸은 지금 나아지고 있어요. 실제로 깁스도 푸셨잖아요. 몸은 이미 나아지려고 애쓰고 있으니까 그런 내 몸에 좋은 말을 들려주세요. 말부터 바꿔보시면 몸 상태가 더 빨리 회복할 거예요."

그러자 다음에 만났을 때는 "선생님께서 일러주신 대로 저 자신한테 좋은 말을 해줬더니 다시 해보자는 생각이 들더라고요"라고 말했습니다. 그 이후 그는 재활 치료 과정에 착실히 임하더니 근력도 서서히 회복했습니다. "무리다"라는 말은 그 어떤 가능성도 배제해버립니다. 그러다 보니 뭔가를 시도조차 하지 못하게 할 위험이 있습니다. 지금보다 나아지길 바라는 뭔가가 있다면 "무리예요"라는 말 대신 "가능성이 없진 않아요", "가능성이 있어요"라는 말로 바꿔 말해보세요. 일단 뭔가를 시도하면 '일관성의 법칙'(말과 행동 등에 일관성을 추구하려는 인간의 기본적인 심리) 때문에 점점 잘하게 될 수도 있으니까요. 설령 잘할 수 없게 되더라도 그 대신 다른 뭔가를 반드시 얻을 수 있습니다.

'절대로', '무리'라는 단어가 나의 무궁무진한 가능성을 가로막고 있는 건 아닌지 생각해봐요.

자존감을 높이는 말

day
009

자존감
DOWN⬇
푸페 토크

✕

나는
안돼

→

자존감
UP⬆
펩 토크

〇

최선을
다해보자

살다 보면 일이 안 풀릴 때가 생기게 마련입니다. 그럴 때는 정말 누구라도 원망하는 마음이 생기고 그러다 보면 자책도 하게 됩니다. 나도 모르게 저절로 "아, 나는 안 돼", "나는 안 되는 사람이구나'라는 말을 하게 되는 거죠. "안 돼"는 가장 대표적인 부정적 표현입니다. 이 말을 스스로에게 한다는 것은 자신의 말과 행동에 브레이크를 걸면서 부정적인 자기 암시를 거는 것과 같습니다. 이 말을 자주 하게 되면 당연히 자존감은 낮아지죠.

그런데 이 사실을 머리로는 충분히 이해하면서도 자기도 모르게 "나는 안 되는구나"라는 말이 입 밖으로 튀어나올 때가 있습니다. 바로 그럴 때 즉각 "여기서 최선을 다해보자"라고 바꿔서 말해보세요. 지금 내가 어떤 상황에 처해 있든 간에 지금 할 수 있는 최선을 다하는 것은 가능합니다.

저희 병원에서도 "저는 안 돼요", "저란 사람은 안 되나 봐요" 하면서 더 이상 치료를 거부하는 환자들이 있습니다. 그럴 때 저는 이런 말을 해드립니다.

"환자분 몸은 지금 낫기 위해서 열심히 노력하고 있어요. 눈에 보이지 않는 백혈구가 이물질과 싸우고 있고요, 적혈구는 산소를 나르고, 심장은 혈액을 온몸으로 보내고, 폐는 산소를 빨아들이면서 회복하려고 애쓰고 있어요. 살아보려고 열심히 일하고 있는 몸을 위해서라도 마음을 조금만 강하게 먹어주세요"

그러면 환자는 자신이 안 되겠다고 판단한 순간에도 몸이 스스로 자연 치유를 위해 애쓰고 있다는 사실을 깨닫습니다. 많은 분들이 이걸 알게 되면 조금만 더 노력해보자고 마음을 고쳐먹습니다.

당신이 "안 돼"라고 스스로를 부정적인 틀에 가둬도 당신의 몸은 치유를 위해 지금도 끊임없이 움직이고 있다는 걸 기억해보세요. 그러면 지금 이 상황에서 내가 할 수 있는 최선이 뭔지를 고민하게 될 거예요.

우리 몸의 여러 기관은 지금 이 순간에도 치유를 위해 열심히 일하고 있어요.

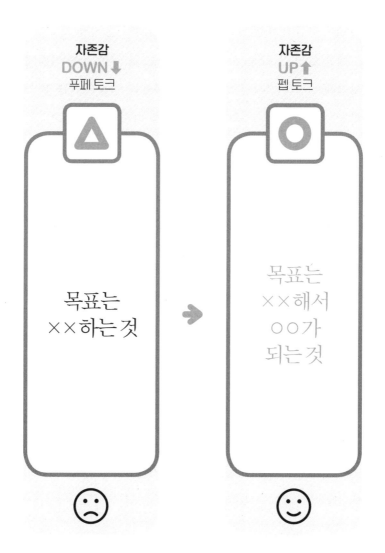

자존감
DOWN ↓
푸페 토크

목표는
××하는 것

☹

자존감
UP ↑
펩 토크

목표는
××해서
○○가
되는 것

☺

"내 목표는 ××하는 것이다"라는 말에는 이미 긍정적인 태도가 들어 있지만 여기서 더 나아가 "내 목표는 ××해서 ○○가 되는 것이다"라고 그 이후 구체적인 목표를 설정하면 더 효과적인 셀프 펩 토크를 할 수 있습니다.

예를 들면 "목표는 시험에 합격하는 것 → 목표는 시험에 합격해서 원하는 직업을 갖는 것", "목표는 병을 고치는 것 → 목표는 병을 고쳐서 좋아하는 취미를 다시 시작하는 것" 등이 있습니다. 시험 합격이나 병 치료는 더 나은 인생을 살기 위해 필요한 통과 지점 같은 것입니다. 진짜 하고 싶은 일을 하기 위해 거쳐야 하는 관문 같은 거죠. 그러므로 궁극적으로 하고 싶은 게 뭔지 그것을 알아내서 목표로 삼아보세요. 그러면 목표 달성력과 회복력은 훨씬 높아질 겁니다.

제가 아는 30대 남성 한 분은 중증 아토피성 피부염으로 고생하고 있었는데 변리사가 되는 게 목표였습니다. 그는 공부에 집중하기 위해 가려움이 심한 아토피에서 빨리 벗어나고 싶었습니다. 그래서 호흡법, 식이요법 등에 대해 열심히 알아보고 실천하더니 결국에는 아토피를 극복하고 목표로 삼았던 변리사가 되었습니다. 또 무릎 통증으로 고생하던 80대 여성 한 분은 '산에 오르는 것'이 목표였습니다. 정형외

과에서는 등산이라니 말도 안 된다며 수술을 권했지만, 그녀는 수술 없이 회복하고 싶었습니다. 그래서 발가락 체조와 근육 트레이닝을 정말 열심히 했고 결국에는 무릎 통증에서 벗어났습니다. 그해 여름에 그녀는 그렇게 원하던 산에 다시 오를 수 있었습니다. 그녀는 등산을 하면 산을 좋아했던 남편을 다시 만날 수 있을 것 같은 기분이 들어서 어떻게 해서든 회복하고 싶었다고 말했습니다.

이 두 사람처럼 목표가 분명한 셀프 펩 토크를 반복해보세요. 그러면 당신의 행동에 훨씬 더 강력한 동기부여가 되어줄 겁니다.

진짜 하고 싶은 일을 목표로 설정해보세요.

자존감을 높이는 말

**자존감
UP↑
펩 토크**

힘내자

**자존감
UP↑↑
펩 토크**

넌 최고야,
한번 가보자!

'힘내자'라는 말은 충분히 긍정적인 자세에서 나온 말입니다. 하지만 더 의욕을 북돋우려면 좀 더 효과적인 셀프 펩 토크가 필요합니다. 운동선수들이 경기에 임하기 전에 자기 안의 최고 역량을 끌어내기 위해 하는 말이나 행동을 '루틴'이라고 하는데 여기에 착안해서 자신만의 '펩 토크 루틴'을 만들어서 결정적인 순간에 써보면 순식간에 의욕을 끌어낼 수 있습니다.

그런 말 중에 하나가 바로 "넌 최고야, 한번 가보자!"라는 펩 토크입니다. 스스로를 격려하는 '테마 곡'이나 '응원 문구'처럼 사용하면 기분을 살리는 데 최적입니다.

유도계의 '원령 공주'라 불리는 마쓰모토 가오루 선수는 한 방송에서 시합 전에 긴장 때문에 배가 아파도 언제나 "왔다 왔다 왔다 왔다-!!!"라는 말로 자신을 응원하며 시합에 임한다고 말했습니다. 컨디션이 안 좋거나 뭔가 변수가 생겨서 부정적인 생각이 스멀스멀 올라올 때 자신만의 '펩 토크 루틴'으로 의욕을 불러일으키는 좋은 예입니다.

"잘한다, 잘한다, 반드시 난 잘한다", "될 거야, 될 거야, 반드시 난 될 거야", "바뀐다, 바뀐다, 반드시 난 바뀐다", "갈 거야, 갈 거야, 반드시 난 갈 거야" 같은 간단한 라임의 펩 토크들도 효과적입니다. 337 박자에 맞춘 펩 토크는 외우기 쉬울 뿐만 아니라 뇌에 각인되기 쉽다는 특징이 있습니다. 손으로 박자를 치면서 말하는 것도 좋은 방법입니다. 자신만의 펩 토크를 만들어서 꼭 써보세요.

리듬감 있는 펩 토크로 자신을 응원해주면
힘이 저절로 생긴다.

2장

일잘러로
만들어주는 말

💬 말의 힘으로 기분을 바꿀 수 있다

회사에서 일을 하다 보면 상사에게 혼나거나, 열심히 일해도 좋은 결과가 잘 나오지 않아서 우울해지거나, 내 능력으론 할 수 없는 일이 쌓여서 답답하거나, 불가항력적인 사건이 터져서 도저히 내 힘으로는 해결할 수 없거나, 몸도 마음도 너무 녹초가 되어서 아무것도 하기 싫어질 때가 있습니다.

펩 토크는 이런 상황에서도 큰 효과를 발휘합니다. 물론 쓰는 말을 바꾼다고 해서 안 좋은 상황 자체가 좋아지는 것은 아닙니다. 하지만 마음이 부서질 것 같을 때 다시 힘을 낼 수 있게 도와주는 일, 도저히 불가능할 것 같은 일, 생각하고 싶지 않아서 미뤄뒀던 일도 다시 할 수 있게 도와주는 것은 역시 언어의 힘입니다. 말의 힘으로 기분을 전환할 수 있다면 일에 대한 의욕과 집중력이 좋아지기 때문에 그 어떤 일도 잘 풀리는 선순환이 생깁니다. 그렇게 되면 일 외에 개인적인 영역에서도 마음의 여유가 생겨서 표정이 밝아지고 하루하루가 편안해집니다. 말의 힘만으로도 지금보다 훨씬 안락한 일상을 보낼 수 있는 거죠.

저도 의사가 되고 나서 새삼 깨닫게 된 사실이 있는데 그건 바로 의사라는 직업이 부정적인 정보에 민감하다는 겁니다. 기준에서 벗어난 이상치(異常値)에 주목하고 위험을 감지해야 하기 때문입니다.

하지만 의사가 우울한 상태에 머물러 있으면 환자가 회복될 리가 없습니다. 저도 마찬가지입니다. 제가 표정이 어두운 상태로 진료를 하면 환자들에게는 안 좋은 기운이 전달됩니다. 또 정말 위험한 건 저 스스로도 일에 대한 의욕이 생기지 않는다는 겁니다. 그러므로 마음이 힘들 때 나의 기분을 밝고 활기차게 만들려면 말의 힘을 빌려야 합니다. 그래야 내 일에 집중할 수 있고 더 잘할 수 있게 되거든요. 자, 12일부터는 업무 의욕을 높일 수 있는 말들을 함께 연습해봅시다.

말을 바꾸면 일에 대한 자세도 바뀐다!

일잘러로 만들어주는 말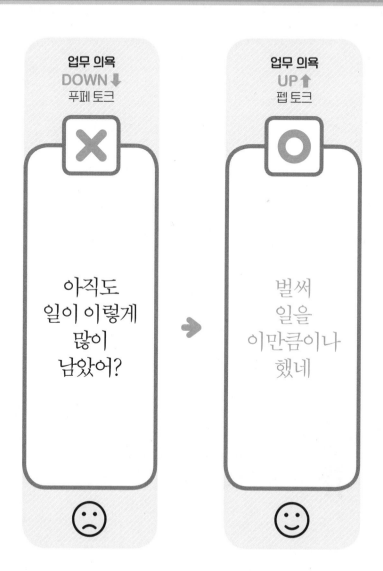

day
012

업무 의욕
DOWN ↓
푸페 토크

✕

아직도
일이 이렇게
많이
남았어?

☹

→

업무 의욕
UP ↑
펩 토크

○

벌써
일을
이만큼이나
했네

☺

처리해야 할 서류가 100장 있을 때, 50장을 끝냈다면 여러분은 어떤 기분이 들 것 같으세요? '아직도 50장이나 남았네'라는 생각이 든다면 이후 일하는 시간은 지루하고 힘들게만 느껴질 겁니다. 그런데 이때 "와, 벌써 반이나 끝냈어", "이제 50장밖에 안 남았네!"라고 생각하면 어떨까요? 똑같은 상황에서 말만 약간 바꿔서 표현했을 뿐인데도 약간 기운이 나고 의욕도 생기는 것 같지 않나요?

제가 초보 의사이던 시절, 그리고 병원 개업 초기에는 업무를 분담해줄 직원이 부족했기 때문에 직접 해야 하는 일이 많았습니다. 혼자서는 도저히 끝낼 수 없는 업무량 때문에 힘겨워하던 저는 말을 바꿔서 표현하면서 제 마음을 다잡았습니다. 전문 용어로는 '시점 전환'이라고 하는데 대표적인 사례가 바로 우울증 인지 치료(인지 왜곡을 고치는 심리치료)를 창시한 미국의 정신과 의사 아론 벡이 제시한 '컵에 든 물' 이야기입니다. 여러분도 잘 알다시피 컵에 물이 반쯤 차 있을 때 '아직 절반이나 남아 있네'라고 생각하는 사람이 있는 반면, '이제 절반밖에 안 남았어'라고 생각하는 사람이 있다는 거죠. 똑같은 상황도 어떻게 받아들이느냐에 따라 향후 행동에 큰 영향을 미친다는 것이 이 이론의 주 내용입니다.

여러분도 한번 생각해보세요. 나라면 이 상황에서 뭐라고 생각했을지를 말이에요. 만약 '이제 절반밖에 안 남았어'라는 부정적인 화법을 쓰고 있다면 '아직 절반이나 남아 있네'라고 긍정적인 화법으로 바꿔서 말해보세요. 비록 나 혼자 하는 말일지라도 나의 행동에 지대한 영향을 주면서 의욕을 불러일으킬 수 있으니까요.

긍정 화법을 쓰면 일에 대한 의욕이 솟아난다!

일잘러로 만들어주는 말

업무 의욕
DOWN↓
푸페 토크

✕

나는
왜 이렇게
느릴까?

☹

→

업무 의욕
UP↑
펩 토크

○

나는
대기만성
형이야

☺

회사에서 새로운 일을 배울 때는 "몇 번이나 알려줬는데도 못하면 어떡해. 배우는 게 정말 느리구나"라며 혼이 나거나 주의를 받을 때가 있습니다. 특히 같은 실수를 여러 번 하게 되면 '나는 왜 이렇게 느릴까?', '나는 왜 이렇게 일을 못할까?'라는 생각에 빠져 우울해집니다. 저 역시 신입 시절에 선배에게 여러 번 지적을 당한 후 이런 생각을 했습니다. 또 굳이 지적을 당하지 않아도 일이 늘지 않고 정체돼 있다는 생각이 들면 본인이 먼저 스트레스를 받게 됩니다.

이렇게 일이 더딜 때는 내가 운동선수라고 한번 상상해보세요. 운동선수는 아무리 열심히 한다고 해도 갑자기 실력이 늘지 않습니다. 날마다 연습량을 쌓아가면서 꾸준히 운동에 매진하다 보면 점점 실력이 늘어나는 거죠. 지금 바로 눈에 띄는 성과가 나오지 않더라도 하루하루 연습량을 쌓아간다면 어느 날 갑자기 부쩍 늘어난 실력을 체감할 수 있을 거라고 생각해보세요. 그러면서 말도 이렇게 바꿔보는 겁니다. "나는 느린 게 아니라, 대기만성형이야"라고 말이에요. 사람마다 성장하는 방식은 다 다릅니다. 빨리 습득하고 금방 실력이 느는 사람이 있는 반면에 천천히 받아들이면서 어느 날 갑자기 훅 성장하는 사람도 있습니다. 내가 느리다고 자책할 시간에 "나는 원래 대기만성형이야" 하고 내 편을 들어주세요. 스스로를 격려하면서 침착하게 눈앞에 벌어진 일에만 집중하다 보면 어느 순간 부쩍 성장한 자기 자신을 느낄 수 있을 거예요.

나에게는 나만의 속도가 있다고 이야기해주세요.

일잘러로 만들어주는 말

업무 의욕
DOWN↓
푸페 토크

✖

이제
그만두고 싶어
(더 이상
안 되겠어)

☹

➡

업무 의욕
UP↑
펩 토크

◯

할 수
있는 데까지
해보자

☺

힘든 일에 쫓기거나 오랫동안 피로가 쌓이면 '아, 이제 그만 두고 싶어', '더 이상 안 되겠어'라고 생각하거나 '더 이상 일 하고 싶지 않다', '이렇게 했는데도 시험에 계속 떨어지다니 더 이상은 못 하겠다'라고 생각할 때가 있습니다. 이렇게 심 신이 너무 지쳐 있을 때는 극단적인 말을 내뱉는 것보다는 "일단 휴식"이라고 말하고 쉬어야 합니다. 나의 몸과 마음을 극단적으로 힘든 상태로 내몰기 전에 휴식을 취하는 것도 너 무나 중요한 일이에요. 그래야 뇌도 긍정적으로 사고할 수 있 으니까요. 그런 다음에 몸이 좀 편안해지면 그때 나 자신에게 펩 토크를 들려주는 겁니다. "할 수 있는 데까지 해보자", "내 가 지금 할 수 있는 걸 해보자"라고 말이에요. 몸이 너무 힘들 면 펩 토크가 소용없을 수도 있어요. 그러니 좀 쉰 다음에 마 음에 여유가 생겼을 때 이런 펩 토크를 반복해서 들려주세요. 그러다 보면 그다음에 뭘 해야 할지 머릿속에 떠오를 거예요.

**극단적인 생각이 든다면
우선 몸과 마음에 휴식을 주세요.**

일잘러로 만들어주는 말

day 015

업무 의욕
DOWN↓
푸페 토크

✖

너무 지쳤어,
내일도
힘들겠지

☹

업무 의욕
UP↑
펩 토크

⭕

오늘 하루도
열심히
잘 살았어

☺

회사일, 집안일, 인간관계 등등 살다 보면 반드시 '해야 할 일'과 '필요한 일'에 쫓겨 "너무 지쳤어, 피곤해"라는 말이 저절로 나올 때가 적지 않습니다. 그렇게 하루하루 여러 가지 일에 쫓기듯 살다 보면 '내일도 힘들겠지'라는 비관적인 생각에 빠지기 쉽습니다. 그런데 이런 생각을 습관적으로 하다 보면 내일도 싫은 일, 힘든 일이 나를 기다리고 있다는 생각만 들고 그러면 일을 하기가 싫어집니다. 마음이 위축되고 부정적인 생각에 빠지는 건 당연한 결과입니다. 그렇게 되지 않으려면 어떻게 해야 할까요? 우선 내 기분을 우울에 빠지지 않게 하기 위해서라도 오늘 하루 고생한 나를 인정해줍시다. '피로'는 부정적으로 생각하기 쉽지만 거꾸로 생각해보면 노력했다는 증거, 오늘 하루도 정말 열심히 잘 보냈다는 증거이기도 하니까요. 사실 저도 함께 일하는 간호사 덕분에 이것을 깨달았습니다.

어느 날 제가 하루 진료를 다 마친 후에 '아, 오늘도 너무 지친다'라고 무심코 혼잣말을 했는데, 옆에 있던 간호사가 "그만큼 열심히 사셨으니까요"라고 말해줬던 거예요. 그 말을 듣고 나니까 '아, 나는 열심히 잘 살았구나', '나만 그렇게 생각한 게 아니라 남들도 내가 그렇게 살았다는 것을 알아봐주

는구나' 하는 생각이 들면서 한결 마음이 가벼워졌습니다. 그
날 이후로는 '아, 오늘도 정말 지친다'라는 말이 나올 것 같으
면 '오늘 하루도 정말 열심히 잘 살았어'라고 스스로에게 말
해줍니다. 별거 아닌 것 같은 이 한 마디에 심신이 리셋되고
내일 다시 힘을 내서 하루를 시작할 힘이 생깁니다.

오늘 하루 고생한 나에게 좋은 말을 들려주자!

업무 의욕
DOWN ↓
푸페 토크

업무 의욕
UP ↑
펩 토크

오늘은
정말
망했어

오늘은
내가 한수
배운 날이네

'망했다', '망쳤다', '꽝이다' 같은 말도 우리가 무심코 쓰는 부정적인 표현들입니다. 시험을 망치거나 비즈니스 미팅에서 실수를 했다고 하더라도 '오늘은 망했어' 대신에 '오늘은 내가 많이 배운 날이네', '다 나에게 좋은 경험이야'라는 펩 토크를 써보세요. 그러면 전혀 새로운 기분을 느낄 수 있을 거예요.

프로테니스 선수 오사카 나오미의 전 코치인 사샤 바인 씨는 "시합은 이기거나 배우는 것이지 지는 것이 아니다"라는 명언을 남긴 적이 있습니다. 이 말을 인생에 빗대어서 응용해보면 더 근사한 말이 탄생합니다. 바로 "인생은 경험하거나 배우는 것이지 지거나 실패하는 것이 아니다"라는 말이에요.

독자 여러분도 가만히 생각해보세요. 지금 내가 알고 있는 것들 중에는 과거에 실패했기 때문에 몸으로 체득한 것들이 많지 않나요? 실패는 부정적인 것이지만 살짝 바꿔서 생각해보면 실패했기 때문에 알게 되는 것들이 분명 있습니다. 그렇게 뒤집어서 생각해보는 것이 바로 '시점 전환' 그 자체입니다. 살짝 관점만 달리해도 긍정적인 생각을 할 수 있다는 게 신기하지 않나요? 그러므로 일이 잘 풀리지 않는 날에는 배움이나 경험이라는 키워드를 넣어서 펩 토크를 해보세요. 반복해서 시도하다 보면 실제로 실패의 경험을 통해 뭔가를 배우려는 자세가 저절로 몸에 배게 됩니다.

인생에 실패란 없습니다.
배움과 경험이 있을 뿐이죠.

일잘러로 만들어주는 말 day 017

업무 의욕
DOWN↓
푸페 토크

❌

힘들다,
괴롭다,
도망가고
싶다

업무 의욕
UP↑
펩 토크

⭕

괜찮아,
괜찮아,
할 수 있는
것만 하면 돼

이제 리듬감 있는 펩 토크를 소개할게요. 면접이나 중요한 프레젠테이션이 있을 때는 너무 긴장한 나머지 괴로워서 도망가고 싶다는 생각이 들 수 있습니다. 이럴 때 '힘들다, 괴롭다, 도망가고 싶다'라는 말 대신 '괜찮아, 괜찮아, 할 수 있는 것만 하면 돼'라고 말해보는 겁니다. 긴장한다는 것은 진지하게 열심히 하고 있다는 증거입니다. 그만큼 성장하고 있다는 거죠. 또 업무량이 많아서 힘들다는 것도 달리 생각해보면 유능해서 신뢰받고 있다는 증거이기도 합니다. 힘들 때는 이렇게 돌려서 생각해보면서 "괜찮아, 이런 일쯤은 내가 할 수 있어", "내가 지금 할 수 있는 것만 하면 돼"라고 말해보세요. 그러면 좀 버거운 일도 감당할 수 있을 것 같은 의욕이 솟아납니다.

저도 환자가 너무 많아 휴식은커녕 밥 먹을 시간조차 없거나 강연이 잡혔을 때 저 자신을 격려하기 위해 이런 펩 토크를 합니다. 어깨의 힘을 빼고 그때그때 자신의 기분에 맞는 펩 토크를 사용해보세요.

힘든 일일수록 지나고 보면
보람 있는 일이란 걸 기억해봐요.

일잘러로 만들어주는 말 day 018

업무 의욕
DOWN ⬇
푸페 토크

❌

나는
도저히
못 하겠어

☹

업무 의욕
UP ⬆
펩 토크

⭕

오늘
아주 조금만
해보는 거야

☺

일을 하다 보면 '높은 벽'에 부딪힐 때가 있습니다. 정말 열심히 했는데 성과가 잘 안 나오거나 노력한 만큼 상사가 자신을 인정해주지 않으면 마음이 부서져 내릴 때가 있습니다. 몸이 아파서 치료를 할 때도 마찬가지입니다. 아무리 열심히 치료를 받아도 효과가 안 나오고 계속 몸 상태가 안 좋기만 하면 자포자기의 심정이 되기 십상입니다. 그러다 보면 "나는 정말 안 되나 봐. 도저히 못 하겠어"라고 절망적인 말을 내뱉곤 합니다.

이럴 때는 목표를 잘게 나눠서 아주 쉬운 일부터 시작해보세요. 뛰는 게 목표였다면 일단 걷는 것을 목표를 하는 겁니다. 또 몸을 다쳐서 걷는 게 불편해진 사람이라면 일단 발가락을 움직이거나, 다리를 움직이는 것부터 목표로 삼는 거죠. 그리고 "오늘은 아주 조금만 해보는 거야"라고 펩 토크를 합니다. 그러면 벽처럼 느껴졌던 일도 계단 하나하나가 눈에 보일 수가 있어요. 벽처럼 보이면 포기하게 되지만 한 계단, 한 계단 올라갈 수 있다는 생각이 들면 저도 모르게 힘이 솟습니다. 그렇게 해서 오늘 한 계단 올라갔다면 이제 한 단계는 통과한 거라 생각하면 됩니다.

이 과정을 하루하루 계속 쌓아가다 보면 언젠가는 높은 벽도 넘을 수 있습니다. 내가 감당하기에는 벅찬 일, 힘든 일을 만났다면 '한 단계, 한 단계'를 의식하면서 이 펩 토크를 꼭 해보세요.

한 단계, 한 단계 나아가고 있다고 스스로를 다독이세요.

일잘러로 만들어주는 말

업무 의욕
DOWN↓
푸페 토크

✕

나
완전히
바닥이야

☹

업무 의욕
UP↑
펩 토크

◯

내가
스프링이라
생각하고
튀어
올라볼까?

☺

실수가 없는 사람, 실수가 없는 인생은 없습니다. 그리고 실수를 하면 누구나 침울해집니다. 때로는 기분이 '밑바닥'까지 내려가서 세상이 끝난 것 같은 느낌이 들 때도 있습니다. 하지만 이런 상황도 거꾸로 한번 생각해보세요. 지금 바닥에 있기 때문에 더 이상 내려갈 데가 없다고 말이에요. 그렇게 가볍게 생각해보면 이제 남은 것은 올라가는 일뿐입니다. 큰 실수는 분명 나 자신뿐만 아니라 주변 사람들한테 심한 타격을 줍니다. 하지만 한번 경험하고 나면 그다음엔 절대로 같은 실수를 하지 않기 위해 조심하게 됩니다. 그만큼 우리는 실수를 통해 많은 것을 배웁니다.

물론 상황에 따라서 마음으로부터 사과하는 법을 배워서 실천해보거나 대응책을 마련하는 것도 중요합니다. 하지만 이 모든 괴로운 경험이 언젠가 앞으로 남은 인생에 큰 도움이 될 거라고 받아들이는 자세가 중요합니다. 그러면서 '내가 스프링이라고 생각하고 튀어올라볼까?'라고 펩 토크를 시도해 보세요.

특히 의료 현장에서는 작은 실수에도 환자의 생사가 걸려 있기 때문에 대단히 긴박한 공기가 흐릅니다. 이런 분위기에 압도되어 너무 긴장한 나머지 실수하는 의료진도 적지 않습니다. 환자가 괜찮다고 말해도 실수를 저지른 사람은 좀처럼 죄책감을 떨칠 수 없습니다. 하지만 그 상태를 빨리 뛰어넘지 못하면 계속 실수했던 기억에 머물러서 자기 부정만 하게 됩니다. 그렇게 되면 인간으로서의 성장도 멈춥니다. 바닥에 움츠린 만큼 스프링처럼 튀어오르면 더 크게 위로 올라갈 수 있다고 생각해보세요. 그러면 없던 기운도 생겨날 수 있을 거예요.

움츠러든 만큼 위로 튀어오를 수 있다는 걸
기억해보세요.

일잘러로 만들어주는 말

day 020

업무 의욕
DOWN ↓
푸페 토크

✕

할 일이
너무 많아서
미치겠어!

☹

업무 의욕
UP ↑
펩 토크

◯

지금 하자,
할 수
있는 것부터
차근차근

☺

"오늘은 환자 진료 말고도 미팅이 1건 있고, 신입한테 일도 가르쳐줘야 하네. 아 그러고 보니 다음 강연회에서 뵐 선생님께 드릴 선물도 사야 하는데……"

이렇게 혼자서는 다 처리하기 어려울 정도로 정신없는 날이 있습니다. 직장인은 말할 것도 없고 주부 또한 집안일, 육아, 그 밖의 볼일, 대인 관계로 정신없이 바쁜 일상을 보냅니다. 학생도 시험과 숙제, 방과 후 활동에 아르바이트까지 하느라 사회인보다 더 바쁜 사람도 있습니다. 이렇게 바쁘게 살다 보면 무슨 일부터 먼저 해야 할지 우왕좌왕하기도 합니다. 그러면 차분하게 생각할 여유가 사라져서 '하지 못한 일', '바빠서 하게 된 실수' 같은 데에만 신경이 쓰이면서 부정적으로 생각하게 될 위험이 있습니다. "바쁘다"는 말 자체가 기운을 빼앗는 푸페 토크라는 의견도 있습니다. 그럴 때는 "괜찮아!", "나라면 할 수 있어!"라는 펩 토크도 효과적이지만, 할 일이 넘친다면 우선은 "지금 하자, 할 수 있는 것부터 차근차근"이라는 펩 토크를 권해드립니다.

할 일을 하나씩 끝낼 때마다 "오늘은 벌써 여기까지 끝났구나. ○○야, 정말 잘했어!"라고 말해줍니다. 그러면 그다음 날도 그 에너지를 이어받아 또다시 일에 열중할 수 있게 됩

니다. 그렇게 자신을 칭찬하고 격려하면서 차근차근 정리해
봅시다.

천리길도 한 걸음부터!

일잘러로 만들어주는 말

day 021

업무 의욕
DOWN↓
푸페 토크

✕

안 되겠다,
못하겠어,
끝이 안 보여

☹

➡

업무 의욕
UP↑
펩 토크

〇

한 발자국만
더 가보자,
나는
갈 수 있어

☺

사람의 심리는 한번 '안 되겠다, 못 하겠어, 끝이 안 보여'라는 생각에 빠지면 캄캄한 우물 속에 갇힌 것 같은 기분에 빠지기 쉽습니다. 말 그대로 끝이 보이지 않는 터널 속에 있는 듯한 느낌을 받는 거죠. 그럴 때는 '한 발자국만 더 가보자, 나는 갈 수 있어', '나는 할 수 있어. 괜찮아' 등의 펩 토크로 자기 자신을 격려해줍시다.

얼마 전, 이관개방증(耳管開放症)이라는 병으로 힘들어하던 47세 여성이 저희 병원에 찾아왔습니다. 이 병은 귀와 코, 목을 잇는 관이 계속 열려 있어 목소리가 울리거나 코막힘 및 어지럼증을 일으키는데 아직까지도 뾰족한 치료법이 없는 희귀병입니다. 그녀는 인터넷 검색으로 이 병에 대해 공부하는 과정에서 걱정만 늘었고 결국 출구가 보이지 않는 터널 안에 갇혀버렸습니다. 예전에 돌발성 난청을 앓은 적도 있어서 병에 대한 공포가 더 심했던 것 같습니다.

저는 그녀에게 일단 부정적인 정보가 많은 인터넷을 보지 말라고 조언했습니다. 그리고 '나는 좋아진다, 좋아진다', '나는 괜찮다, 괜찮다'라는 펩 토크를 반복하라고 권했습니다. 호흡법 등 다른 치료법도 병행했습니다. 그렇게 4개월 동안 8번 정도의 통원 치료가 끝난 후 그녀에게 "선생님, 펩 토크를 반복했더니 증상이 신경 쓰이지 않게 되었어요"라는 말을 들을 수 있었습니다. 여러분도 끝이 보이지 않아 마음이 약해 질 때는 이 펩 토크를 활용해보세요.

별거 아닌 말도 리듬에 맞춰 말하면
나만의 응원가가 된다!

일잘러로 만들어주는 말

day 022

업무 의욕 DOWN↓
푸페 토크

✕

난 원래
이런 거 못해

☹

업무 의욕 UP↑
펩 토크

◯

나는
할 수 있어,
반드시
할 수 있어,
해낼 수 있어!

☺

➜

생각은 현실이 됩니다. 말은 현실이 됩니다. 회사에서 일이 잘 안 될 때, 특히 처음 일을 배우면서 실력이 부족할 때 '나는 이런 거 잘 못해', '원래 이런 거 잘 못해'라고 자신의 능력을 한정해버리면 그 말이 그대로 뇌에 입력되어 '말처럼' 되기 쉽습니다. 뭔가를 잘 '못한다고' 생각하면 뇌에서는 과거의 실패 경험이 되살아나고, 이것이 '할 수 없다'는 낙인을 찍기 때문입니다.

해보지도 않고 그냥 '못한다'라고 쉽게 단정 짓는 건 선입견일 뿐입니다. '원래 그런 사람'은 없습니다. 막상 해보면 할 수 있을지도 모르는데 '원래 그렇다', '원래 못한다'는 말로 상황을 면피하면서 자신의 가능성을 날려버리는 것입니다.

'컬러 배스 효과(color bath effect)'라는 심리학 용어가 있습니다. 특정한 일을 의식하기 시작하면 일상 속에서 그에 관한 정보가 저절로 눈에 띄는 현상을 말합니다. 빨간색을 찾아보라는 지시를 받은 사람의 눈에는 빨간색만 보입니다. 그런 사람에게 파란 물건의 개수가 몇 개였는지를 물어보면 대답하지 못합니다. 이것이 바로 컬러 배스 효과입니다. 원래 잘 못한다고 스스로를 한정 짓는 말도 마찬가지입니다. 이런 말은 당신의 뇌에 강력한 제동을 겁니다.

그러므로 처음 뭔가를 배울 때 최강의 펩 토크를 알려드리겠습니다. 바로 "나는 할 수 있어, 반드시 할 수 있어, 해낼 수 있어!"라는 말입니다. 인기 애니메이션 〈귀멸의 칼날〉에도 주인공이 중요한 순간에 이런 말을 하며 스스로를 격려하는 장면이 나옵니다. 그러니 중요한 순간에 이 최강의 펩 토크를 사용해보세요.

세상에 원래 그런 건 없습니다!

3장

긍정 마인드가
생기는 말

🗣 말만 바꿔도 싫은 마음이 사라진다

'불안과 공포가 사라지지 않는다', '초조하다', '우울하다', '아침에 일어나기가 싫다'.

우리는 이렇게 부정적이고 싫은 감정에 지배될 때가 많습니다. 긍정적이고 적극적으로 행동하는 것이 좋다는 걸 머리로는 알고 있어도, 부정적인 감정에서 벗어나지 못하고 제자리걸음만 하게 되는 경험은 누구에게나 있을 겁니다. 특히 요즘처럼 신종 전염병 같은 부정적인 정보가 활개 치는 시대에는 더더욱 그렇습니다.

우리 인간의 뇌는 부정적인 정보에서 더 가치를 찾으려는 특성을 갖고 있습니다. 인간의 조상은 나무 위 생활을 하다가 지상으로 내려와 초원 지대를 이동하기 시작했습니다. 온갖 위험이 도사리는 그 길에서는 잠시라도 멍하게 걷다가 맹수에게 잡아먹히는 일이 허다했습니다. 그 시대에는 불안과 공포, 초조함 등이 위험을 감지해주는 몸의 센서 역할을 해준 겁니다.

우리 인간이 부정 편향(Negativity bias: 긍정적인 정보보다 부정적인 정보에 주의를 기울이는 경향)을 갖고 있는 건 바로 이 때문입니다. 그러니까 우리가 부정적인 건 너무나 당연한 것이며 어떻게 보면 위기관리 능력의 증거라고도 할 수 있는 거죠. 제가 이런 말을 강조하는 이유는 우리가 날마다 느끼는 부정적인 감정이 그렇게까지 나쁜 게 아니라는 걸 많은 분들이 잊고 살기 때문입니다. 물론 매사를 부정적으로만 바라보면 일도 인간관계도 잘 풀리지 않습니다. 그래서 많은 사람들이 어떻게 하면 긍정적인 생각을 할 수 있을까를 고민하는 거죠. 그런데 긍정적인 생각을 하기 위해서는 우선 부정적인 생각이 너무나 당연한 것이며 나쁜 감정이 아니라는 것을 받아들여야 합니다. 충분히 그 사실을 받아들인 이후에 스스로에게 하는 말을 펩 토크로 바꿔보라고 권하고 싶습니다. 그렇게 하면 말의 힘만으로도 자연스럽게 부정적인 감정에서 벗어나게 됩니다.

말의 힘으로 부정적인 감정에서 벗어날 수 있다.

긍정 마인드가 생기는 말 **day 023**

프레젠테이션이나 시험 등 중요한 일을 앞두고 있을 때는 물론이고, 컨디션이 좋지 않거나 몸에 이상이 생겼을 때는 불안감이 올라오면서 매사에 부정적인 감정에 빠지기가 쉽습니다. 이럴 때는 '제대로 준비했으니까 잘될 거야', '병원 잘 다니고 있으니까 나을 거야'처럼 이론적인 언어로 스스로를 다독이려고 해봐도 잘 안 됩니다. 저는 이때 '괜찮아, 괜찮아'라고 스스로에게 주문을 거는 것처럼 반복적으로 말을 걸어보라고 말씀드리고 싶어요. 심호흡을 하면서 리드미컬하게 말해주면 더욱 효과적입니다.

불안이나 싫은 감정이 지속되면 그것이 스트레스로 바뀌고, 호흡이 빠르고 얕아지면서 뇌로 운반되는 산소량이 줄어듭니다. 그렇게 되면 뇌의 움직임이 느려져서 부정적인 생각에서 벗어나기 더욱 어렵습니다. 또 이런 마음이 몸에 영향을 끼치면서 컨디션이 나빠집니다. 그러니 말과 호흡에 유의하여 마음을 잘 컨트롤합시다.

실제로 저도 병원을 개업할 때 은행 대출이 잘 나오지 않아 힘들었고, 또 처음에는 환자가 별로 없어서 불안에 떨었습니다. 그때 그 시절 저는 이 말에 큰 도움을 받았습니다.

신기하게도 주문처럼 '괜찮아, 괜찮아'라고 반복적으로 저 자신에게 말해주면 마음이 안정되고 싫은 감정에 지배당하지 않게 됩니다. 부정적인 생각에 갇히지 않기 때문에 어떻게 하면 문제를 해결할 수 있을지에 집중하게 됩니다. 그러니 여러분도 싫다는 느낌이 들 때는 꼭 이렇게 말해보세요.

'괜찮아'는 불안을 없애주는 최강의 말!

긍정 마인드가 생기는 말

혐오감
UP↑
푸페 토크

✕

실패하면
어떡하지?

☹

혐오감
DOWN↓
펩 토크

◯

잘 확인하고
해보자
(될 대로 되라)

☺

좀처럼 결단을 내리지 못하고 멈춰 서서 '아, 어떻게 하지'라며 시간을 끌 때가 있습니다. 예를 들면 '괜히 했다가 혼만 나면 어떡하지?', '괜히 망신만 당하면 어떡하지?'처럼 실패를 피하고 싶은 마음에 주저하는 때가 있습니다.

그럴 때는 조금 떨어진 곳에서 자기 자신을 바라보는 연습을 해봅시다. 그렇게 가만히 멈춰 서 있는 자신의 모습을 최대한 객관적으로 바라보는 겁니다. 그러면 그전까지 보지 못했던 나의 새로운 모습을 발견하게 될 수 있습니다. 애써 외면하려 했던 나의 단점이나 콤플렉스가 보일지도 모릅니다. 그러고 나서 걱정하는 요인 자체를 뿌리 뽑는 펩 토크를 해보세요. 바로 '잘 확인하고 해보자', '다시 한번 힘을 내서 시작해보자'라는 말이에요. 생각지도 못한 걱정이 생겨 끙끙댈 때, 저는 스스로에게 이렇게 말해줍니다. 또 상황에 따라서는 '될 대로 되라', '안 되면 말고', '어떻게든 되겠지', '뭐라도 되겠지'라고 반쯤 포기한 상태에서 단념하는 말을 쓰기도 합니다.

잘 확인하고 시도한다고 해도 실패할 수는 있기 때문이에요. 하지만 설령 실패하더라도 '경험'은 내 것으로 남습니다. 그렇게 말해주면 어려운 일도 한층 가벼워집니다. 빨리 결단

을 내렸다면 끙끙대는 시간을 절약한 자기 자신을 칭찬하는
펩 토크를 해줘도 좋습니다.

말은 한 걸음 내딛게 해주는 원동력!

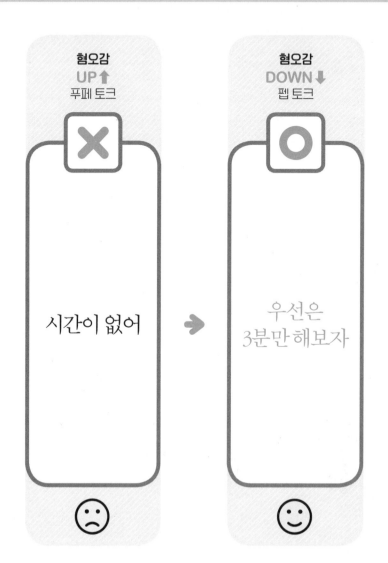

혐오감
UP↑
푸페 토크

❌

시간이 없어

➡

혐오감
DOWN↓
펩 토크

⭕

우선은
3분만 해보자

☹ ☺

"시간이 벌써 이렇게 됐네!", "이것도 해야 하고 저것도 해야 하는데 시간이 없어서 못 하겠다". 업무나 집안일을 하다가 이런 말을 할 때가 자주 있습니다. 하지만 시간이 없어서 못 했다고 생각하면 '하지 못한 나'에 의식이 집중되어 자신을 비하하게 됩니다.

우리는 늘 "시간이 없다"고 말하지만, 잘 생각해보면 사실은 시간을 사용하고 분배하는 방법을 잘 몰라서 항상 부족하다고 착각하고 있는 것인지도 모릅니다. 그러니 우선은 '3분', '5분'이라도 좋으니 일단 해봅시다. 이때 필요한 펩 토크가 '우선은 3분만 해보자'라는 말입니다.

이 말을 하면서 행동하다 보면 '오늘은 조금이라도 자료를 읽었네', '이렇게 바쁜 와중에도 해냈어'라면서 그날 자신이 해낸 일에 대해 신경을 쓰게 됩니다. 싫은 감정을 상기하거나 곱씹는 게 아니라 지금 하는 일에 열중하는 마음에 불을 붙여주는 거죠.

또 사람은 일단 뭔가 하기 시작하면 그것을 계속 하려는 경향이 있습니다. 이것을 '일관성의 법칙'이라고 합니다. 일관성의 법칙을 긍정적인 방향으로 활용하기 위해서는 일단 시작하는 게 중요합니다. 시간이 부족해서 조금밖에 못 했더라도 괜찮습니다. 일단은 '시작했다'는 사실이 분명 당신을 지지해주고 응원해줄 겁니다.

어떤 경우에도 시간은 있다!

'마침 잘 됐다'는 펩 토크 중에서도 특히 사용 범위가 넓은 말입니다. 누군가에게 "너 살쪘구나"라는 말을 듣거나 건강검진 결과 몸무게가 늘어난 걸 확인했다면 누구나 기분이 상할 겁니다.

그런데 이때 '마침 잘됐네. 안 그래도 다이어트하려고 했잖아'라고 스스로에게 한 마디 던져보세요. 그러면 기분 나쁜 상황이 아니라 내 마음가짐에 집중하게 되면서 상황이 완전히 달라질 수 있습니다. '저 사람은 왜 사람 몸무게를 지적질하지?', '아, 너무 싫어'라는 마음이 아니라 '안 그래도 몸이 불편했는데 다이어트할 계기가 생겼잖아', '저런 말을 들으니까 다이어트할 의욕이 생겨났다, 때마침 잘됐네'라고 스스로에게 말해주면서 긍정적인 분위기를 만들 수 있으니까요.

이 펩 토크는 다이어트뿐만 아니라 자신이 평소에 신경 쓰고 있던 점을 지적당했을 때도 쓸 수 있습니다. '저런 말을 하다니 짜증 나'라는 부정적인 말을 한다고 해서 나의 상황이 달라지는 것은 아닙니다. 그냥 내 기분만 나쁠 뿐이에요. 그러니 이런 일이 생겼을 때 일단 스스로에게 '마침 잘됐네'라고 말해보세요. 그러면 신기하게도 개선하려는 의욕이 생겨납니다. 만약 병이 발견된 상황에서도 '더 나빠지기 전에 지금 발견해서 너무 다행이야'라는 마음가짐을 가질 수 있습니다. '식습관 바꾸기', '운동하기', '충분한 수면 취하기' 등등 자신의 건강상 문제점을 파악하고 고치려는 노력도 하게 될 것입니다.

시간은 한정되어 있고, 내일 무슨 일이 생길지 우리는 알수 없습니다. 그러니 더욱 이미 일어난 일에 대해서는 '마침 잘 됐다'라고 말하면서 씩씩하게 대처해보세요. 이 말만큼 상황을 대역전시킬 수 있는 것도 없습니다. 그만큼 강력하게 내일상을 바꿀 수 있는 말입니다.

'마침 잘 됐네'는 어떤 상황도 역전시킬 수 있는
강력한 문장!

긍정 마인드가 생기는 말

혐오감
UP↑
푸페 토크

✕

이제
안 되겠어

➡

혐오감
DOWN↓
펩 토크

〇

그래도
(그럼에도
불구하고)

이 펩 토크는 '마침 잘 됐네'와 마찬가지로 '위기를 기회로 바꾸는 말'입니다. '마침 잘 됐네'는 다양한 상황에서 쓸 수 있는 대역전의 문장이긴 하지만, 너무 심각한 상황에서는 차마 쓸 수가 없습니다.

예를 들면 심혈을 기울인 프로젝트가 취소되었을 때, 회사가 도산했을 때, 믿었던 사람에게 배신을 당했을 때와 같은 상황에서는 도저히 '마침 잘 됐네'라는 말을 쓸 수가 없을 겁니다.

이럴 때 제가 권하는 말은 '그래도(그럼에도 불구하고)'입니다. 일이 잘 안 풀려 '이제 안 되겠어'라는 말이 나올 것 같으면 '그래도'를 넣은 문장을 말해보세요.

'프로젝트가 취소됐다. 그래도 나는 계속 노력할 거야', '내가 쓴 기획서를 상사가 승인해주지 않았다. 그래도 나는 다시 한번 시장 조사해서 다른 괜찮은 아이템을 찾아볼 거야', '회사가 도산했다. 그럼에도 불구하고 나는 내가 활약할 데를 찾아낼 거야', '몇 번이나 도전했지만 실패했다. 그럼에도 불구하고 나는 계속 목표 달성을 위해 노력할 거야' 같은 문장으로 만들어서 쓰면 됩니다. 이 단어를 사용하면 지금 상황이 어려워도 계속 긍정적인 마음가짐을 잃지 않을 수 있습니다.

큰 상처를 받았을 때, 마음이 부서질 것 같은 때일수록 '그래도(그럼에도 불구하고)'를 넣어서 문장을 만들고 입으로 발음해보세요.

상황을 반전시키고 싶을 때는
'그래도'와 '그럼에도 불구하고'를 써보자.

혐오감
UP ↑
푸페 토크

❌

최악이야.
아무것도
못 하겠어

☹

→

혐오감
DOWN ↓
펩 토크

⭕

괜찮아.
이제
올라갈 일만
남았어

☺

나쁜 일이 연달아 생기거나 해결책이 잘 나오지 않으면 '최악이야!'라는 말이 쉽게 나옵니다. 그럴 때는 '아무것도 못 하겠어', '이제 포기야'라고 생각하기 쉽습니다. 게다가 그런 부정적인 생각은 일단 머릿속에 생겨나면 점점 더 부풀어 오른다는 특징이 있습니다.

'최악이야, 아무것도 못 하겠어', '나는 되는 일이 없어' 같은 말은 자신을 부정하고 기분을 끌어내리는 푸페 토크입니다. 이때 부정적인 마음을 없애려고 '아무것도 생각하지 말자'라고 애써 마음을 다잡아도 소용이 없습니다. 부정적인 생각을 하지 않으려고 애쓰는 것 자체가 이미 부정적인 생각에 휘둘리고 있는 것과 마찬가지이기 때문이에요. 이럴 때는 기분을 끌어올리는 펩 토크가 푸페 토크를 없애주는 중화제 역할을 합니다.

'최악이야, 아무것도 못 하겠어'라는 생각이 들면 바로 '괜찮아. 이제 올라갈 일만 남았어'라고 말해보세요. 지금 내가 있는 곳이 바닥이라고 생각해도 더 이상 내려갈 데가 없다고 생각하면 그만입니다. 주변을 잘 살펴보세요. 혹시 주변에 내가 타고 올라갈 동아줄이 내려와 있을지도 모르니까요. 또 잘 살펴보면 내가 타고 올라갈 벽이 있을지도 모르고요. 이 펩 토크는 희망을 발견하게 도와줍니다. 그러니 꼭 준비해두었다가 결정적인 순간에 사용해보세요.

부정을 긍정으로 바꾸는 즐거운 연습을 생활화하자!

혐오감
UP ↑
푸페 토크

✕

난
안 되는구나

☹

→

혐오감
DOWN ↓
펩 토크

◯

나를
용서할 수
있는 건
나 자신밖에
없어

☺

가족이나 친구, 상사, 동료와 싸운 이후, '그런 말은 하지 말걸', '그런 짓은 하지 말걸' 하면서 후회할 때가 있습니다. 자신의 실수 때문에 관계가 틀어진 경우에는 더더욱 스스로에 대해 부정적인 생각을 하게 됩니다. 자기 자신의 단점을 돌아보고 반성하는 것은 좋은 일이지만 지나치게 과거에만 매달려 있는 건 금물입니다. 그렇게 하다 보면 계속해서 '내가 좀 더 배려했더라면', '그때 내가 좀 더 참았더라면' 같은 생각만 하면서 시간을 보내게 됩니다. 또 싸웠던 상대방의 얼굴을 볼 때마다 죄책감을 느끼면서 자학을 하게 될 수도 있습니다.

왜 이렇게 과거에 묶인 채 살아가게 될까요? 그 근본적인 원인은 자기 스스로를 용서하지 않았기 때문입니다. 바꿔 말하면 자기 자신에게 너그럽지 않은 거죠. 스스로를 위로해주는 것은 자신의 과오를 인정하고 반성하는 것만큼이나 중요한 겁니다. 과거를 후회한다는 것은 그만큼 '친절하고 배려심 깊은 사람'이라는 증거이기도 합니다. 사람은 누구나 실수를 합니다. 상대방을 용서하듯 자신도 용서해주세요. 그래야 과거에서 벗어나 앞으로 나아갈 수 있으니까요.

정신과 의사 에릭 번은 "과거와 타인은 바꿀 수 없다. 바꿀 수 있는 것은 미래와 자신뿐"이라고 말했습니다. 후회할 일이 생겼다는 것은 괴로운 일이지만 그 경험을 계기 삼아 성장하면 됩니다. 그래야 다음에 똑같은 일이 생겨도 같은 실수를 반복하지 않을 수 있으니까요.

후회하며 제자리를 맴돌 시간에
미래를 위한 씨앗을 만들자.

혐오감
UP↑
푸페 토크

✕

다른 사람들은
다 하는데
나는
왜 못하지?

☹

혐오감
DOWN↓
펩 토크

○

난 나야!

☺

모두가 어떤 의견에 찬성을 하면 내가 생각하기에는 좀 별로인 것 같아도 솔직하게 말하지 못하는 사람들이 많습니다. 속으로는 맘에 안 들면서 겉으로는 괜찮은 척하면서 맞춰주기도 합니다. 그런데 문제는 그러고 나서 나중에 '다른 사람들은 다 자기 의견을 잘도 말하는데 나는 왜 이러지', '또 내 생각을 제대로 말 못 했네', '이렇게 내 의견도 제대로 말 못 하는 내가 진짜 문제다'라면서 스스로를 괴롭히게 됩니다. 이럴 때 자기 자신에게 힘을 주는 펩 토크가 있습니다. 바로 '난 나야'라는 말입니다.

'애시의 순응 실험'이라는 유명한 심리 실험이 있습니다. 왼쪽에는 한 개의 선, 오른쪽에는 길이가 각각 다른 세 개의 선을 놓고 왼쪽의 선과 같은 길이의 선을 오른쪽에서 고르라고 하는 실험입니다. 누가 봐도 명확한 답은 정해져 있지만, 만약 그 장소에서 3명 이상이 바람잡이가 돼서 오답을 말하면, 37퍼센트의 사람이 그에 동조하면서 틀린 답을 선택한다고 합니다. 그런데 만약 여기에서 단 한 사람이라도 정답을 말해주는 경우에는 오답률이 5.5퍼센트로 떨어진다고 합니다. '난 나야'라는 펩 토크는 이런 경우 다른 사람들의 잘못된 선택에 휩쓸리지 않게 도와줍니다. 중요한 순간, 나 자신을 응원하고 흔들리지 않으면서 나의 길을 걸어갈 수 있도록 이 말을 써보세요.

내가 낸 의견이 상대방에게 통하지 않더라도 괜찮습니다. 내가 스스럼없이 의견을 표출할 수 있었다는 사실만으로도 긍정적인 감정이 생겨서 반드시 좋은 일로 이어지게 될 거예요.

나에게는 나만의 길이 있다.

긍정 마인드가 생기는 말

혐오감
UP ↑
푸페 토크

❌

이제
나이가
있어서…

➡

혐오감
DOWN ↓
펩 토크

⭕

오늘이
제일 젊어!

나이를 먹어가면서 "이제 나이가 있어서…"라는 말을 자주 하게 됩니다. 나이가 많은 사람뿐 아니라 젊은 사람들도 "10대, 20대 때랑 비교하면 지금은……"이라고 말할 때가 있습니다. 이 말은 주로 뭔가를 할 수 없거나, 하기 어렵거나, 거절할 때 쓰는 경우가 많습니다.

하지만 이런 말을 너무 자주 하게 되면 새로운 일에 도전하거나 미래를 생각하는 시간보다 과거를 돌아보면서 후회하는 데 쓰는 시간이 더 많아집니다.

그러면 긍정적인 생각보다는 부정적인 생각에 치중하게 되기 마련입니다. 그러므로 이 말이 튀어나오면 '앞으로 살아갈 날들을 생각하면 오늘이 제일 젊어!'라는 말로 바꿔서 써보세요. 지금 나이가 몇 살이든 적어도 내일의 나, 1년이나 5년 후의 나보다는 훨씬 젊으니까요. 저희 병원 환자들 중에서도 "이제 나이가 있어서"라면서 좋아하는 취미나 운동을 포기하는 사람들이 있습니다. 그분들에게 저는 이렇게 말합니다.

"1년 후, 5년 후를 생각해보세요. 지금 힘들다면 1년 후에 시작하는 건 더 힘들어질 거예요. 하지만 지금 시작하면 1년 후에도 계속 하고 있을지도 모릅니다. 5년 후라면 어떨까요?

그 차이는 더 커질 거예요."

　이런 말을 들으면 포기하려고 했던 것도 시작해보려고 마음을 고쳐먹는 사람들이 많습니다. 지금 5년 전에 왜 시작하지 않았는지 후회하는 것처럼, 앞으로 5년 뒤에 또 다른 후회를 하지 않으려면 이 펩 토크부터 해보세요. 당신의 긴 인생을 생각하면 오늘이 가장 젊으니까요.

미래를 생각하면 지금이 가장 젊다.
할 거라면 지금 하자.

긍정 마인드가 생기는 말

혐오감
UP↑
푸페 토크

❌

오늘도
컨디션이
별로야

☹

혐오감
DOWN↓
펩 토크

⭕

어제보다
○○상태가
좋아!

☺

회사에 출근을 했는데 컨디션이 안 좋으면 일에 집중이 안 되고 되는 일이 없다고 비관적으로 생각할 위험이 있습니다. 이럴 때는 혹시 어제보다 더 나아진 게 없는지 한번 생각해보세요. 찬찬히 생각해보면 좋아진 점이 있을 거예요. 저희 병원 환자들 중에서도 나쁜 점만 먼저 생각하는 사람이 있습니다. 그런 사람은 10가지 중에 8가지가 좋아졌는데도 안 좋은 2가지에만 주목합니다. "오늘도 별로야, 나아지질 않네"라고 한탄합니다. 이때 나아진 점에 주목하면서 '어제보다 이만큼 좋아졌네'라고 말하는 것은 정말 중요합니다. 그래야 지금 진행 중인 치료법에도 믿음이 가고 담당 의사에게도 신뢰가 가면서 더 적극적으로 치료에 임할 수 있기 때문이에요.

그래서 저는 검사 결과나 기록, 사진 등을 환자들에게 보여주면서 "이 부분이 이만큼 좋아졌네요. 계속 열심히 해봅시다"라고 격려합니다. 그러면 "정말 그렇네요"라면서 긍정적으로 바뀌는 환자가 많습니다.

그러니 평소에도 '어제도 별로였어', '오늘도 별로야'라고 생각할 게 아니라 '어제보다 나아진 점'에 주목해봅시다. '그래도 오늘은 어제보다 머리가 덜 아파서 집중이 잘되네'라는 식으로 말이에요. 나아진 부분이 미미하더라도 좋은 방향으

로 가고 있다는 것이 중요합니다. 그 점에 주목하고 의욕을
높여봅시다.

나쁜 점이 아니라 좋은 점을 먼저 보기.

긍정 마인드가 생기는 말

'나는 할 수 있어, 힘낼 수 있어'도 이미 충분한 펩 토크이지 만, 조금 더 궁리하면 더 효과적인 말을 할 수 있습니다. 바로 '3인칭'을 사용하는 것입니다. '나'라는 1인칭을 "너는 할 수 있어"라고 2인칭으로 바꾸기만 해도 펩 토크 효과는 더 높아 집니다. 여기서 더 나아가 자신의 이름이나 별명을 사용해서 '3인칭'으로 만들면 그 힘은 더욱 강력해집니다. 이 방법은 최근 '디스턴스 셀프 토크'라고 불리며 주목받고 있습니다.

저희 병원에서는 직원들의 건강 관리를 위해 남녀별로 요 일을 정해 화제의 고강도 인터벌 트레이닝(HIIT: 단시간에 높 은 효과가 있는 운동법)을 하고 있습니다. 저도 참여하고 있는데 하다 보면 도중에 진이 다 빠집니다. 그럴 때 "가즈아키, 넌 할 수 있어, 힘낼 수 있어!"라고 저 스스로를 격려해주면 정말 로 힘이 나서 끝까지 해낼 수 있게 됩니다. 자신을 3인칭으로 부르면 기능적 MRI(뇌의 혈류 상태를 알 수 있는 검사)로 봤을 때, 뇌의 활동성이 높아지고 스트레스에 대처하기도 쉬워진다고 합니다. 무서운 전염병인 '에볼라 출혈열'에 대한 공포심도 3인칭 화법으로 가라앉았다는 연구 결과가 있습니다. 사람들 에게 '○○야, 너는 괜찮을 거야. 면역력을 키우면 돼'라는 식 으로 스스로에게 말하도록 시켰더니 공포 심리가 잠잠해졌던 거죠. 그러니 여러분도 자신의 이름을 넣어서, 펩 토크를 만들어보세요. 일에 대한 의욕을 높이면서 저절로 긍정 마인 드가 생겨날 거예요.

'3인칭'은 자신을 강력하게 지지해주는 마법의 언어!

4장

장점을 발견하고
키워주는 말

🎵 장점과 단점은 동전의 양면

여러분은 "당신의 장점은 무엇입니까?"라는 질문을 받으면 뭐라고 답하시나요? 1장에서 소개한 '자존감'에 관한 일본 내각부의 조사에는 '나는 장점이 있다고 생각한다'라는 문항도 있었는데, 그 답변 역시 일본과 다른 나라를 비교해봤습니다. 그에 따르면 '그렇게 생각한다'와 '그런 편이다'를 합한 비율이 미국, 독일, 프랑스 등에서는 90퍼센트 이상, 영국에서는 약 90퍼센트, 스웨덴과 한국이 70퍼센트대인 것에 비해 일본은 약 69퍼센트로 가장 낮았습니다(138쪽 그래프 참조).

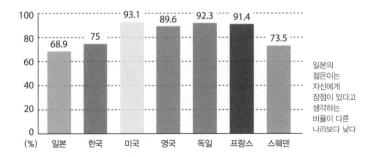

'장점이 있다'고 대답한 젊은이의 비율

일본의 젊은이는 자신에게 장점이 있다고 생각하는 비율이 다른 나라보다 낮다

※만 13~29세의 남녀, 답변 총수 7431, 조사 시기 2013년 11~12월, 내각부 조사

　이 결과에는 일본인 특유의 조심스런 성격이나 겸손한 마음이 영향을 끼쳤을지도 모릅니다. 그런데 누구에게나 장점은 있고 그것을 인식하는 것이 자존감과 자신감으로 이어지기 때문에, '나의 장점은 ○○이다'라고 확실하게 말할 수 있는 것은 정말 중요합니다. 이때 한 가지 알아두어야 할 것은 장점과 단점은 동전의 양면과 같다는 점입니다.

　사람의 성격은 흑과 백으로 확실히 나눌 수 없고 여러 관점에서 봐야 합니다. 스스로는 게으르고 덜렁댄다고 생각해도 다른 사람들은 오히려 그 점이 털털하고 포용력이 있다고 생각할 수 있습니다.

자신의 성격을 부정적으로 생각하기 전에 좋은 점을 찾아보고 긍정적인 펩 토크로 바꿔 말하는 것은 장점을 키우는 데 큰 도움이 됩니다.

34일째부터는 그런 펩 토크를 소개해보겠습니다.

나의 단점 뒷면에는
장점이 숨어 있다는 걸 기억해보세요.

장점을 발견하고 키워주는 말

장점 DOWN ↓
푸페 토크

✕

좀 더
○○했더라면
좋았을 텐데

➡

장점 UP ↑
펩 토크

○

○○라서
다행이야

누구나 자신의 성격이나 외모가 좀 더 '이러저러했다면 좋았을 텐데'라고 생각한 적이 있을 겁니다. 타인의 눈엔 완벽해 보이는 사람도 아주 작은 단점에 신경을 쓴다거나 '좀 더 ○○였다면 좋았을 텐데……'라고 생각할 수 있습니다. 저도 '키가 좀 더 컸다면 얼마나 좋았을까'라고 생각했던 적이 있습니다. 사람은 이렇게 '자신에게 없는 것을 원하는' 생물인지도 모릅니다.

하지만 이런 생각을 자주 말로 내뱉으면 현재 자신의 모습은 이상적이지 않다는 걸 스스로의 뇌에 입력하게 됩니다. 그러면 앞부분에서 이야기한 폴리안나의 '좋은 일 찾기'와는 정반대로 '나쁜 일 찾기'를 하는 것과 같습니다. 이런 말을 자주 할수록 자신을 비하하게 되고 이것이 계속되면 점점 긍정적인 삶에서 멀어집니다. 그러니 '지금 나에게 없는 것, 할 수 없는 것'보다는 '지금 나에게 있는 것, 할 수 있는 것'에 주목해봅시다. 가령 매사에 속도는 빠르지 않아도 납득이 될 때까지 꼼꼼히 하는 스타일이라면, '꼼꼼히 할 수 있어서 다행이야'라고 말하면 됩니다. 또 말이 많아서 실수를 자주 하지만 쾌활한 성격이라면, '친근한 성격이라서 다행이야'라고 하면 됩니다.

이렇게 발상을 전환하면 자신의 장점이 두드러집니다. 그러면 나의 하루하루가 '좋은 일 찾기'나 '행복 찾기'로 바뀝니다. 오늘 당장 지금 내가 갖고 있는 것에서 보물을 발견하는 경험을 해보세요.

지금 내가 갖고 있는 것에서 보물을 찾아보자!

장점을 발견하고 키워주는 말

장점
DOWN↓
푸페 토크

✕

넌 참
좋겠다

→

장점
UP↑
펩 토크

⊙

정말
잘됐다!

☹ ☺

승진, 합격, 수상, 당선, 내 집 마련과 여행, 심지어 화제의 맛집에 다녀왔다는 소식처럼 자신이 아직 해보지 못한 것을 타인이 경험하는 것을 보면 나도 모르게 "넌 참 좋겠다", "아, 정말 부럽다"라는 말이 나옵니다. 그런데 이런 말들은 푸페 토크입니다. 이런 말들 안에는 '저 사람은 운이 좋은데 나는 왜 그렇지 못할까?' 하는 신세 한탄이나 선망하는 마음이 숨어 있기 때문이에요.

특히 병원에서 만나는 환자들의 경우에는 이 푸페 토크를 무심코 자주 내뱉는 사람들이 많습니다. 몸이 아프다 보니 자기 마음대로 하고 싶은 것을 할 수도, 먹고 싶은 것을 먹을 수도 없기 때문이죠. 자신의 상황은 이렇게 힘든데 자유롭게 지내는 사람들을 보면 '아, 저 사람 너무 부럽다', '병에 걸린 내가 문제야', '나는 이제 두 번 다시 저렇게 못하겠지'라면서 비관에 빠집니다. 하지만 계속 이런 생각만 하고 있으면 부정적인 감정이 뇌에 새겨져 기분이 점점 더 우울해집니다. 그러니 내 기분을 좋게 만들기 위해서라도 좋은 일이 생긴 사람에게 "정말 잘됐다!"라고 축하하는 말을 건네보세요. '나도 언젠가 저렇게 해야지'라고 생각하면서 말하면 됩니다. 그러면 상대방의 좋은 일을 진심으로 같이 느낄 수 있어요. 별거 아닌 말 한 마디, 한 마디가 나의 성격을 만듭니다. 나도 기분이 좋아지면서 남도 기분이 좋아질 말만 골라 쓴다고 생각해보세요. 하루하루가 달라질 겁니다.

상대방의 기쁨을 함께하면서 내 기분도 좋게 만들자.

장점을 발견하고 키워주는 말

day
036

장점
DOWN↓
푸페 토크

✕

저 사람
정말
부럽다

☹

장점
UP↑
펩 토크

○

나만
할 수 있는
일도 있어!

☺

우리 주변에는 내가 갖고 있지 못한 재능을 타고난 사람들이 많습니다. 밝고 사교적이어서 그 누구와도 잘 어울리는 사람, 손재주가 있어서 뭐든 잘 만드는 사람, 감정에 동요되지 않는 사람, 업무 능력이 탁월한 사람 등등 특출난 장점이 있는 사람을 보면 자연스럽게 부럽다는 생각이 듭니다. 그런데 '아, 저 사람은 어떻게 저렇게 잘하지. 정말 부럽다'라는 말은 자칫 잘못하면 '나는 왜 저렇게 못하지?', '나는 왜 이렇게 잘하는 게 없을까?'라는 자기 부정으로 이어지기가 쉽습니다. 사실 다른 사람의 장점을 발견할 줄 아는 것도 큰 장점입니다. 기본적으로 타인에 대한 관심과 애정이 있어야 가능한 일이기 때문이죠. 그런데 타인에 대한 선망이 너무 커서 자신의 장점은 보지 못한 채 '나는 왜 이럴까?'라는 생각으로 이어지면 에너지가 고갈됩니다.

그러므로 부러운 사람을 발견했을 때는 '저 사람 정말 부럽다'는 말 대신 '나만 할 수 있는 일도 있어'라고 말해보세요. '저 사람은 자기 분야에서 잘하고 있으니까 나는 내 분야에서 열심히 하면 돼'라고 자신을 중심으로 사고해야 에너지가 생겨납니다. 또 나의 장점도 한 가지로 단정 지으면 안 됩니다. 한 사람 안에는 여러 가지 장점, 성격이 들어 있을 수 있습니다. 나도 모르는 나의 장점을 내가 동경하는 사람을 통해서 알게 될 수도 있는 거예요. 오늘도 펩 토크를 통해 내가 하고 싶은 일에 도전해보세요.

내가 선망하는 사람의 존재를
나의 에너지로 변환해보기!

장점
DOWN ↓
푸페 토크

✕

내 성격은
왜 이럴까?

😞

장점
UP ↑
펩 토크

〇

나는
이런 성격이
장점이야

☺

여러분은 혹시 밤에 자려고 누워서 오늘 하루 일을 떠올리면서 '오늘도 계속 화만 냈구나. 참 마음에 안 드는 성격이야' 같은 생각을 하면서 잠들었던 기억이 있나요? 혹시 그렇다면 내가 왜 화가 났는지 그 이유를 한번 생각해보세요. 노력했는데 주변 사람들한테 무시당했다거나 열심히 한 만큼 인정받지 못했다거나 하는 확실한 이유가 있을 겁니다. 다시 말하면 화가 났다는 것은 그만큼 뭔가에 열심히 몰두했다거나 분명한 자기 의지가 있었다는 증거이기도 합니다.

앞에서도 말했듯이 성격의 장단점은 동전의 양면과 같습니다. 어떻게 받아들이느냐에 따라 전혀 다르게 볼 수 있습니다. 자신의 단점만 부풀려 생각하면 자존감은 내려가고 가능성도 제한됩니다. 그러니 단점이라고 생각했던 면의 반대쪽에 있는 면을 한번 봐보세요. 단점을 장점으로 바꿔서 말하다 보면 자신의 나쁜 습관 같은 것도 고치고 싶은 마음이 생깁니다. 일란성 쌍둥이의 성격에 대한 연구에서도 유전자의 영향은 30퍼센트 정도밖에 안 됩니다. 나머지 70퍼센트는 생활습관이나 태도 등에 의해 결정된다고 합니다. 한마디로 성격은 자신의 의지나 태도만으로도 크게 바뀔 수 있다는 말이죠. 자신의 단점을 장점으로 바꿔 말하는 습관을 들여 나의 가능성을 무한대로 넓혀봅시다. 이제 38일부터 50일까지는 단점을 장점으로 바꿔 말하는 펩 토크를 연습해봅시다.

단점을 장점으로 바꿔 말해보자!

장점을 발견하고 키워주는 말 day **038**

화를 낸다는 것은 그만큼 매사에 진지하게 몰두하고 있다는 뜻이다.

장점을 발견하고 키워주는 말

성격이 급한 것은 추진력과 순발력이 좋다는 증거다.

장점을 발견하고 키워주는 말

장점
DOWN ↓
푸페 토크

❌

나는
왜 이렇게
깐깐할까?

☹

→

장점
UP ↑
펩 토크

⭕

나는
눈썰미가
좋은 거 같아

☺

작은 일을 놓친다면 중요한 일도 빠트릴 가능성이 있다.

논리적으로 생각하는 능력이 있다 보니 따지기 좋아하는 걸로 보일 수도 있다.

장점을 발견하고 키워주는 말 day 042

그릇이 크고 대범하면 허술하고 빈틈이 많아 보이기도 한다.

장점
DOWN⬇
푸페 토크

❌

저 사람은
너무 쪼잔해
(인색해)

➡

장점
UP⬆
펩 토크

⭕

저 사람은
참 알뜰하고
착실해

쪼잔하고 인색한 걸 다른 관점에서 보면 알뜰하고 착실한 것
이다.

장점을 발견하고 키워주는 말

회사에는 리더형 인간 외에 묵묵히 자기 할 일을 열심히 하는
사람도 있어야 한다.

'흔들림 없이' 자신만의 포스로 움직이는 사람은 자기중심적
으로 보일 수도 있다.

장점을 발견하고 키워주는 말

장점 DOWN↓ 푸페 토크	장점 UP↑ 펩 토크
✕	◯
우리 이사님은 진짜 걱정이 많아	우리 이사님은 참 신중한 성격이야
☹	☺

걱정이 많은 사람 중에서는 신중하고, 위기관리 능력이 높은
사람이 많다.

장점 DOWN↓ 푸페 토크	장점 UP↑ 펩 토크
✕	⭕
재는 왜 저렇게 시끄러워?	저 친구는 참 밝은 사람이야
☹	☺

시끄럽다는 말을 듣는 사람일수록 밝고 분위기 메이커인 경
우가 많다.

말수가 적으면 어두워 보이기도 하지만, 쓸데없는 말을 하지
않아서 실수가 적고 차분한 성격이기도 하다.

빠른 것이 요구되는 현대 사회에서도 꼼꼼함은 귀한 재능이다.

한 가지 특별한 취미를 갖고 있지 않다는 것은 여러 가지에
두루두루 관심이 많다는 뜻이기도 하다.

5장

의욕을
불러일으키는 말

❞ 섣부른 격려가 상처가 될 때도 있다

1일부터 50일까지는 주로 자존감을 높이거나 마음속에 들어 있던 싫은 감정을 없애주는 셀프 펩 토크를 연습해봤습니다. 펩 토크의 유래가 원래 운동선수들이 경기에 임할 때 마음속 긴장을 완화시키거나 스스로를 격려하기 위해 생겨난 것이기 때문이죠. 그런데 이런 좋은 말들을 타인에게 쓰면 어떻게 될까요? 회사 동료나 친구, 가족 등등 내 주변 사람과의 관계가 훨씬 더 부드러워집니다.

인간관계 때문에 생긴 여러 가지 고민거리를 훨씬 더 편안하게 만들 수 있습니다. 특히나 우리는 관계에서 쓰는 언어를 공부해본 적이 없기 때문에 의도와는 다르게 말로 서로 상처를 주는 경우가 많습니다. 누군가를 격려하기 위해 한 말인데 상대방은 전혀 다르게 받아들이면서 기분 나빠할 수도 있습니다. 정말 안타까운 일입니다.

51일부터는 상대방에게 할 수 있는 펩 토크를 본격적으로 이야기해보려고 해요. 기왕 하는 말이라면 상대에게 상처를 주거나 형식적인 겉치레로 끝내지 말고, 상대의 마음에 깊이 공감하면서 의욕과 힘을 이끌어내는 펩 토크를 해봅시다. 그 말은 상대뿐 아니라 내 마음에도 그대로 전달되어서 일상에 활력을 불어넣어줄 겁니다.

무심코 던진 말 한 마디가
상대의 의욕을 꺾어버릴 수도 있다.

의욕
DOWN ↓
푸페 토크

의욕
UP ↑
펩 토크

긴장하지
말고 해

그냥
즐기고 와

면접을 앞둔 자식들, 시험을 앞둔 친구에게 무심코 이런 말을 건넨 적이 있나요? 너무 긴장한 나머지 실전에서 실력 발휘를 못할까 봐 걱정이 되는 그 마음은 십분 이해합니다. 하지만 "긴장하지 마!"라는 말을 듣는다고 진짜 긴장하지 않을 수 있을까요? 문장 자체는 릴랙스하라는 뜻이지만, 뇌는 이미 '긴장'이라는 단어 자체에 반응합니다. 문장이 '긍정형'인지 '부정형'인지가 중요한 게 아니라는 거죠. 우리 뇌는 부정적인 단어 자체에 크게 자극받는다는 것을 기억해야 합니다. 긴장하지 말라고 했지만 '긴장'이라는 단어를 듣자마자 이미 긴장이 되어버리는 게 우리 뇌의 속성이라는 거죠. 그러므로 이 문장은 푸페 토크입니다. 그렇다면 똑같은 뜻이라도 어떻게 바꿔서 말해야 할까요? "그냥 즐기고 와", "충분히 연습(고생, 준비)했으니까 괜찮아", "하던 대로만 하면 돼", "네 실력대로만 보여주면 돼" 같은 펩 토크가 효과적입니다. 2011년 여자 축구 월드컵에서 일본 팀은 결승에서 미국 팀을 만났습니다. 사실 일본 팀은 미국 팀을 이긴 적이 별로 없었습니다. 마지막 승부차기를 앞두고 잔뜩 긴장한 선수들에게 사사키 노리오 감독은 "그냥 마음껏 즐기고 와!"라고 말했다고 합니다.

이 말 덕분에 선수들은 부담감에서 벗어날 수 있었고 결국 승부차기에서 멋지게 이기고 첫 우승을 이뤄냈습니다. 중요한 상황에서 의욕을 이끌어내기 위해서는 "○○하지 마", "○○하지 말고"라는 부정적인 문장 대신 "○○하자", "○○해"라고 말해주세요. 상대방의 행동을 바꾸려면 이런 긍정의 펩토크는 기본적인 법칙입니다.

뇌는 부정적인 단어에 크게 반응한다.

의욕
DOWN ↓
푸페 토크

의욕
UP ↑
펩 토크

실수하지 마 → 마음껏 해봐!

51일에 이야기했던 "긴장하지 마"와 마찬가지로 "실수하지 마"도 마찬가지입니다. 이 말을 들으면 가장 먼저 '실수'라는 단어가 머릿속에 들어옵니다. 이 단어를 들으면 일단 내가 했던 과거의 실수나 실패가 생각납니다. 일단 이 단어부터 머릿속에 떠오르면 성공할 수 있는 일도 실수할까 봐 걱정부터 하게 되는 위험이 있습니다. 이렇게 말의 힘에 눌려서 실수할 위험이 오히려 더 커지는 거죠. 그러므로 이 말도 의도와는 다르게 상대방의 성공을 방해하는 푸페 토크입니다.

그러니 상대방이 부담을 느끼지 않도록 "마음껏 해봐!"라는 말을 대신 사용해보세요. '실수'라는 부정적인 단어를 아예 사용하지 않으면서 '실수해도 괜찮아'라는 뜻을 내포하고 있어 이 말을 들으면 마음이 편안해집니다.

회사원과 사업가를 대상으로 한 어느 설문조사 결과를 보니 '일을 즐기고 있는' 사람은 전체의 약 40퍼센트로, 그중 60퍼센트 이상이 '높은 성과를 내고 있다'고 스스로를 평가했습니다. 그리고 일을 즐기는 사람의 특징을 살펴봤더니, '주변에 감사하고, 실패에도 의미가 있다고 생각하며, 포기하지 않고, 무엇이 가능한지를 생각할 수 있는 사람'이라는 결과가 나왔습니다. 뭐든 즐기는 사람이 성공할 가능성이 가장

높습니다. 그러므로 "마음껏 해봐", "즐기면서 해봐"라는 펩
토크로 상대방이 성공할 수 있도록 지원해줍시다.

'실수'라는 단어는 부정적인 경험을 떠올리게 하므로
쓰지 않는다.

의욕을 불러일으키는 말

의욕
DOWN↓
푸페 토크

✕

걱정하지 마

☹

의욕
UP↑
펩 토크

◯

너라면
괜찮을 거야

☺

걱정거리가 생겼을 때, 꼭 해결책을 얻기 위해 누군가에게 마음을 털어놓는 건 아닙니다. 그저 내가 지금 이러이러하니 이해해줬으면 좋겠다는 마음이 큽니다. 그런데 이때 "걱정하지 마"라는 이야기가 돌아온다면 어떨까요? '아, 저 사람은 지금 내 마음을 이해하지 못하는구나'라는 생각이 들어서 더 이상 자기 이야기를 털어놓기가 쉽지 않아질 겁니다. 그러므로 누군가 걱정거리를 이야기하면 우선 그게 뭔지 경청한 이후 "그렇구나", "이해해. 나도 그런 경험이 있어서……" 같은 말로 공감을 표현한 후 "너라면 괜찮을 거야", "너라면 잘할 거야"라는 말로 다독여줍니다. 그러면 부정적이던 마음도 긍정적으로 바뀔 수 있습니다.

52일째에 이야기했듯이 우리 뇌는 귀에 들어온 단어 자체에 반응합니다. "걱정하지 마"의 경우에도 마찬가지입니다. 문장 전체가 아니라 '걱정'이라는 단어 자체가 뇌에 들어가면서 이미 걱정을 하게 만들어버리는 거죠. 그러므로 누군가의 의욕을 살려야 할 때는 '걱정'이라는 단어 자체를 쓰지 마세요.

의료 현장에서도 마찬가지입니다. 중요한 검사나 수술을 앞두고 "걱정하지 않으셔도 돼요"라는 말을 들으면 환자는 오히려 더 걱정이 된다고 합니다. 그래서 저희 병원에서는 "괜찮아요. 금방 끝납니다"라고 말하고 있습니다.

걱정이라는 단어를 쓰면 오히려 걱정이 됩니다.

의욕을 불러일으키는 말

의욕
DOWN ⬇
푸페 토크

❌

초조해하지 마

➡

의욕
UP ⬆
펩 토크

⭕

차분하게
한번 해보자

한자로 바쁠 망(忙)은 마음(心)을 잃는다(亡)는 뜻이 내포되어 있습니다. 또 분주할 황(慌)은 마음(心)이 거칠다(荒)는 뜻입니다. 한자의 뜻이 이미 알려주듯 바쁘고 긴장되는 때일수록 마음을 잃지 않도록 여유를 갖고 차분해질 필요가 있습니다. 바쁘고 긴장되는 하루하루를 보내는 사람에게 이런 메시지를 전하려면 무슨 말을 해야 할까요? 53일에 푸페 토크로 소개했던 "걱정하지 마"에 이어서 오늘은 "초조해하지 마"를 어떻게 펩 토크로 바꿔서 말할지 이야기해보겠습니다. 이 말은 오히려 상대를 초조하게 만들기 때문에 푸페 토크입니다. 보통 이 말은 상황이 긴박하게 돌아가거나, 여러 사람 앞에서 발표를 해야 하거나 하는 등 비일상적인 사건이 일어날 때 씁니다. 그러니까 이미 초조한 상태에 있는 사람이 이 말을 듣는 거죠. 실제로 당신이 뭔가 긴장되는 상황에서 이 말을 들었다고 상상해보세요. 긴박한 상황에서 이런 말을 들으면 오히려 더 마음이 다급해지고 애가 타지 않을까요?

초조한 사람 앞에서는 지금 상황을 상기시키는 '초조하다'는 단어를 아예 쓰면 안 됩니다. 그냥 차라리 낮은 어조로 "차분하게 한번 해봅시다", "자, 침착하게 해보죠"라고 말하는 게 좋습니다. 그러고 나서 상황에 따라 "뭐부터 해야 하는지 우

선순위를 정해봅시다", "일단 같이 상황을 정리해봐요" 등등
의 말을 이어가면 됩니다.

'초조해하지 마'는 사람을 더 초조하게 만든다.

의욕을 불러일으키는 말

경기를 앞둔 선수나 입사 시험을 앞둔 사람에게 "절대 지지 마", "너 떨어지면 절대 안 돼"라고 말하는 건 대표적인 푸페 토크입니다. 앞서 여러 번 말했듯이 이런 말을 들으면 '지다'와 '떨어지다' 같은 부정적인 단어가 먼저 뇌리에 박히기 때문이에요. 그리고 또 한 가지, 우리는 "○○을 하지 마"라는 말을 들으면 오히려 그것이 더 하고 싶어집니다. 이것은 미국의 심리학자 웨그너가 밝혀낸 '흰곰 효과'라고 하는 심리학 이론이기도 합니다. 여러분한테 누군가가 "흰곰에 대해 생각하지 마"라고 했다고 칩시다. 그러면 어떻게 되나요? 흰곰에 대해 생각하지 말라고 했는데 오히려 흰곰을 머릿속에 떠올리면서 더 많이 생각하게 되지 않나요?

그러므로 상대방이 이기길 바랄 때 "지지 마"라고 말하면 효과가 없습니다. 오히려 역효과만 일으킵니다. 차라리 "최선을 다해보자" 혹은 "할 수 있는 만큼 해보자", "지금만 버티면 돼. 목표가 바로 눈앞에 있어!" 같은 말로 바꿔서 건네보세요.

'~하지 마'가 아니라 '~해보자'라고 말해보세요.

의욕
KEEP➡
펩 토크

의욕
UP⬆
펩 토크

수고(고생)
하셨습니다

➡

수고(고생)
하셨습니다.
정말 열심히
하셨네요

"수고(고생)하셨습니다"는 많은 사람들이 일반적으로 자주 사용하는 말입니다. 회사에서도 집에서도 자주 씁니다. 그런데 이 말 자체가 상대방의 의욕을 죽이는 건 아니지만 너무 형식적으로만 쓰면 마음이 전달되지 않을 수도 있습니다.

"많이 피곤하시죠?" 같은 말도 마찬가지입니다. 이것도 공감력을 발휘하기 위해 쓰는 경우가 많은데, 이 말만 하고 끝내버리면 '피곤하고 지쳤다'는 사실에만 초점이 맞춰지게 됩니다. 그러면 안 그래도 피곤한데 더 피곤하기만 하고 축축 처지는 느낌만 들 수 있습니다. 그러니 이럴 때는 "수고하셨습니다", "많이 피곤하시죠?"로만 끝내지 말고 "정말 열심히 하셨네요", "그만큼 열심히 한 거죠" 같은 긍정적인 말을 덧붙여보세요. 그러면 진심으로 상대를 위로하고 의욕을 불러일으키는 펩 토크가 됩니다. 상황에 따라 "○○ 씨 덕분에 잘 끝냈어요", "○○ 씨가 열심히 해줘서 잘됐어요. 고마워요" 같은 말을 덧붙이면 더 좋습니다.

'수고했어요'만으로는 마음을 전달하기 어렵다.

의욕
KEEP➡
펩 토크

의욕
UP↑
펩 토크

힘내

➜

힘들면
언제든지
말해

"힘내"라는 말은 우리가 흔히 쓰는 말 중 하나지만 의외로 조심스레 사용해야 하는 말입니다. 특히 너무 힘든 상황에 처해 있을 때 이 말을 들으면 오히려 공감받지 못한 느낌을 받을 수도 있습니다. 정말 너무 힘들 때 이런 말을 들으면 '힘을 내고 싶어도 힘을 낼 수 없는 나의 상황을 좀 알아주면 좋겠다' 혹은 '나에 대해 아무것도 모르면서 왜 저렇게 쉽게 말하지'라는 생각이 드는 거죠. 물론 말투에 따라 다르게 느껴질 수 있지만 다른 맥락 없이 그냥 "힘내"라는 말만 들으면 왠지 등 떠밀리는 기분을 느낄 수도 있으니까요.

그러니 상대방의 상태를 잘 관찰해보고 정말 힘든 상황인 것 같다면 그 말 대신 "힘들면 언제든 말해", "내가 있으니까 혹시 필요하면 불러줘", "내가 언제든 너의 이야기를 들어줄게", "나는 언제나 네 편이야"라고 말해보세요. 이 말만 들어도 마음이 든든해지면서 더 힘이 납니다.

학교에서 안 좋은 일을 겪은 후 침울해하는 아이에게 엄마가 "힘내, 지면 안 돼"라고 하면, 아이는 힘이 나기보다는 오히려 더 부담을 느낄 겁니다. 왠지 힘 빠져 있는 자기 자신이 잘못된 것처럼 받아들일 수도 있습니다. 그러니까 이럴 때는 그냥 "엄마는 ○○를 정말 좋아해. 엄마는 항상 네 편이야"라는 말을 해주면, 아이는 안심하고 다시 일어설 수 있습니다.

친구나 연인 사이에서도 이것은 마찬가지입니다.

'힘들면 언제든 말해'라는 말을 듣는 것만으로도
힘이 난다.

불안을
가라앉히는 말

" 부정적인 단어만 빼고 이야기해도 마음이 가벼워진다

이 장에서는 내가 힘든 시기를 버텨야 할 때 혹은 누군가가 힘든 일을 겪으면서 스스로에 대해서 부정적으로 말할 때 어떤 펩 토크를 하면 좋을지 이야기하겠습니다.

내가 힘든 일을 겪을 때도 그렇지만 상대가 불안해하거나, 자신을 비하하거나, 나쁜 일이 일어날 거라는 비관주의에 빠져 있을 때 적절하게 대응하지 못하는 경우가 많습니다. 이때 상대의 말에 맞장구를 치면 더 침울해질 테고, 그렇다고 너무 밝게 대답하면 공감하지 못하는 것처럼 보일 수 있기 때문입니다. 이때 필요한 것이 바로 펩 토크입니다.

예를 들어 병원에 찾아오는 환자들이 "몸 상태가 계속 나빠요"라고 말하면 저는 "아, 좋진 않았군요"라고 대답합니다. '나쁘다'는 말을 쓰면 너무 부정적인 느낌이 뇌리에 박히기 때문에 '좋지 않다'라는 표현으로 바꿔서 말해주는 거죠. 내가 힘든 일을 겪을 때도 마찬가지입니다. '너무 짜증 나고 아무것도 하기 싫다'라는 생각에만 빠져 있으면 정말로 매사에 의욕이 나지 않고 좋아하던 일을 할 때조차 짜증이 납니다. 그런 나에게 '지금 내가 할 수 있는 것만 생각하자. 다른 건 나중에 생각해도 돼', '지금 당장 내가 할 수 있는 게 뭐가 있을까?'라고 말해주는 게 바로 펩 토크입니다.

2017년 노벨 경제학상을 수상한 리처드 탈러 교수의 '넛지 이론'을 한번 생각해봅시다. 가장 유명한 사례는 남자 화장실 소변기에 파리를 그려 넣은 일입니다. 파리 그림을 그려 넣은 후, 소변이 밖으로 튀는 양이 80퍼센트나 줄었다는 일화는 너무나 유명합니다. 불안을 가라앉히는 펩 토크는 일종의 넛지 전략입니다. 나 자신에게도, 내 주변 사람에게도 자연스럽게 긍정적인 행동을 유발하는 넛지 전략의 말을 건네는 게 이 장의 내용입니다.

여러분 모두 팔꿈치로 쿡쿡 찌르듯 자연스럽게 내 마음을 그리고 상대방의 마음을 긍정적으로 바꿔보세요.

뭐라고 말해야 할지 생각나지 않을 때도
펩 토크를 활용할 수 있다.

불안을 가라앉히는 말

불안감
UP ↑
푸페 토크

✗

어차피
내 주제에

☹

불안감
DOWN ↓
펩 토크

◯

이 일은
너 아니면
안 돼

☺

'어차피'라는 말로 자신을 비하하는 사람은 과거에 좌절했던 경험이 있는 경우가 많습니다. 연극의 주인공 후보에 올랐지만 결국 다른 사람이 뽑혔거나 사내 프레젠테이션 최종 심사까지 올라갔다가 결국에 떨어졌거나, 혹은 최종 시합에서 중요한 역할을 맡았지만 부상을 입어서 결국 실력 발휘를 못 했거나 하는 안 좋은 경험이 트라우마로 남아 있을 수 있습니다.

중요한 시점에 할 수 있는 한 최선을 다했는데 보상받지 못했다면, 정말 열심히 해서 일을 성사시켰는데 아무도 알아봐주지 않는다면, 아무리 그 일이 단 한 번이더라도 마음속 깊은 곳에 상처로 남습니다. 그러고 나서 비슷한 상황이 벌어지면 또 상처받지 않으려고 "어차피…"라는 말로 운을 뗍니다. 이 말에는 '또 그런 일이 일어날까 봐 너무 불안하다', '이런 나를 누군가 알아봐줬으면 좋겠다'라는 감정이 숨어 있습니다.

그러므로 이렇게 자기 비하에 빠져 있는 사람에게는 불안을 가라앉힐 수 있는 말을 건네보세요. "너라면 할 수 있어"가 바로 그런 말입니다. 상대방에 대한 신뢰를 말로 표현해주면 마음이 안정되고 그와 동시에 자존감도 올라갈 수 있습니다.

"이 일은 너 아니면 안 돼", "너만큼 이 일을 잘해낼 사람은 없어", "너나 되니까 부탁하는 거야", "너는 네가 생각하는 것보다 훨씬 더 멋진 사람이야, 왜 그걸 모르니?"라는 말도 좋습니다.

'어차피'라는 단어 안에 숨어 있는 감정을 이해해보자.

불안을 가라앉히는 말

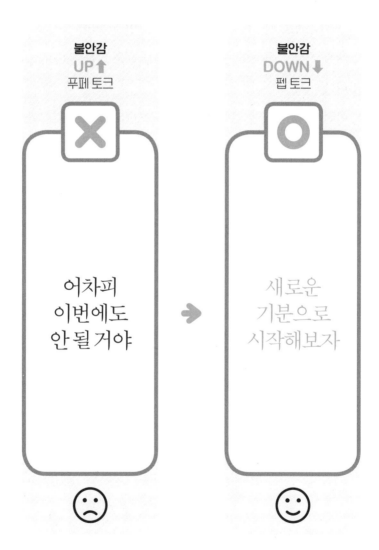

불안감
UP ↑
푸페 토크

❌

어차피
이번에도
안 될 거야

☹

불안감
DOWN ↓
펩 토크

⭕

새로운
기분으로
시작해보자

☺

"어차피"라는 말은 과거에 부정적인 경험을 많이 했기 때문에 쓰는 분들이 많다고 이미 설명했습니다. 그런데 이 단어는 스스로를 깎아내리면서 쓰기도 하지만 어떤 일을 진행하면서 쓰기도 합니다. "어차피 이번에도 잘 안 될 거야", "어차피 실패할 거야", "어차피 떨어질 것 같아" 같은 말들이 바로 그겁니다.

이런 말을 하는 이유는 '자신을 보호하기 위해서'입니다. 이렇게 말을 해두면 만약 정말 일이 잘 풀리지 않는 경우에도 크게 실망할 일이 없기 때문이죠. 또 주변 사람들이 자신을 원망하거나 탓할 일도 줄어들 거라 생각하는 겁니다. 이와 더불어서 이런 말을 하는 사람의 심리에는 일이 생각대로 풀리지 않아서 생기는 조바심이나 자기 비하도 들어 있습니다.

이런 사람에게는 "새로운 기분으로 시작해보자", "예전 일은 잊고 새롭게 해보자", "초등학교 1학년이 된 것처럼 시작해보자", "지금 막 스무 살이 된 것처럼 생각해보자"처럼 일단 기분을 리셋시키는 펩 토크를 건네보세요.

이제 초등학교 1학년이 되었는데 "어차피 안 될 거야"라고 생각하는 아이는 별로 없을 겁니다. 자신이 초등학교 1학년 혹은 스무 살이 된 것처럼 생각한다면 조바심이나 자기 비하도 훨씬 누그러뜨릴 수 있을 거예요. 그런 마음가짐을 전달하는 펩 토크를 상대방에게 건네보세요.

과거의 부정적인 경험을 일단 리셋!

불안을 가라앉히는 말

불안감 UP↑ 푸페 토크

✕

잘 안 될 것 같아

➡

불안감 DOWN↓ 펩 토크

◯

잘 안 돼도 괜찮아! 다 경험이야

"잘 안 될 것 같아", "실패할 것 같아"라고 말하는 사람들의 마음속에는 혹시라도 잘 안 됐을 경우에 자신에게 가해질 비난이나 비판에 대한 공포가 들어 있습니다. 대부분의 경우 '실패한 사실'보다는 '실패 이후 자신이 받게 될 평가'가 신경 쓰여서 이런 말을 합니다. 그런데 이런 말을 자주 하게 되면 부정적인 기운을 부르고, 결국엔 정말로 실패할 확률이 높아집니다. 아무리 스스로를 보호하기 위해서 하는 말이더라도 스스로의 능력을 깎아먹는 푸페 토크라는 걸 알아야 합니다.

이런 말을 하는 상대에게는 실패해도 아무도 원망하거나 비난하지 않을 거라는 메시지를 전달하면 좋습니다. 그래야 상대가 느끼는 불안과 압박, 걱정이 잠잠해질 수 있습니다.

이때 '실패' 같은 부정적인 단어 대신 그냥 "잘 안 돼도 괜찮아"라고 담담하게 말해주면 긍정적인 기운으로 전환할 수 있습니다. 또 이에 덧붙여 "다 경험이야", "잘 안 돼도 공부가 될 거야", "할 수 있는 만큼만 하면 돼"라고 말해주면 좋습니다.

저희 병원에서도 아무래도 실수를 자주 할 수밖에 없는 신입 직원에게 자신감과 의욕을 불러일으키기 위해 이런 펩 토크를 사용합니다.

정신과 의사 사이토 시게타는 "인생에 실패가 없으면, 인생이 실패한다"라고 말했는데, 이 말이 바로 "잘 안 돼도 괜찮아"와 비슷한 펩 토크입니다.

상대가 부담을 느끼지 않도록 펩 토크를 건네보자.

어느 정도 나이가 들면 '옛날에는 진짜 잘했는데', '왕년에는 나도 정말 잘나갔는데'라는 말을 자주 하게 됩니다. 특히 운동이나 춤 같은 몸을 쓰는 활동을 했던 사람들은 나이가 들면서 자연스럽게 이런 말을 합니다. 젊은 사람 중에서도 기록이나 성적이 중요한 운동선수라면 이 말을 자주 할 수 있습니다. 누구나 컨디션이 안 좋은 날이거나 개인적으로 우울한 일이 생겨서 평소 실력보다 못한 날이 있게 마련이니까요.

주변에 이런 사람이 있다면 앞서 언급한 아론 벡의 '컵에 든 물' 이야기를 떠올려보세요. 같은 상황도 부정적으로 보면 부정적으로 보이고, 긍정적으로 보면 긍정적으로 보일 수 있다는 사실을요. '전에는 정말 잘했는데 지금은 왜 안 될까?'라는 생각은 곧 '컵에 물이 절반밖에 안 남았다'는 부정적 사고방식입니다. 같은 상황에서도 "아직 이만큼이나 할 수 있네"라고 말한다면 어떨까요? 이는 곧 '컵에 물이 아직도 절반이나 남아 있잖아'라고 긍정적으로 생각하는 것과 같습니다.

지금 내가 움직일 수 있는 부분, 지금 내가 할 수 있는 일에 주목하면, 뭐든 시작하고 또 그 일에 집중할 수 있게 됩니다. 그러므로 누군가 자꾸 과거보다 못한 스스로를 자책하고 있다면 "아직 이만큼이나 할 수 있잖아요"라고 말해주세요.

어느 순간 기운을 차리고 뭔가를 시작하는 모습을 보게 될 거예요.

'할 수 있는' 것에 의식을 모아보자!

불안을 가라앉히는 말

불안감
UP↑
푸페 토크

❌

좀 더
힘을 내봐

☹

→

불안감
DOWN↓
펩 토크

⭕

지금
잘하고 있어

☺

"좀 더 힘을 내봐"는 긍정적인 말 같아 보입니다. 하지만 실제로 이 말은 상대가 뭔가를 열심히 했는데 아슬아슬하게 잘 되지 않을 때 쓰는 경우가 많습니다. 주로 열심히 살고 있는 사람들에게 쓴다는 말이죠. 만약 상대가 평소에 너무 열심히 살고 있는 사람처럼 보인다면 이 말 대신 "지금 잘하고 있어"라는 말로 어깨의 짐을 덜어줘야 합니다. 이런 사람들은 굳이 좀 더 힘내라고 말하지 않아도 이미 스스로 노력하는 사람들이 많습니다. 오히려 너무 완벽주의여서 뭔가를 성취해도 만족하지 못하고 더 애쓰는 경우가 많습니다. 그렇게 지나치게 열심히 하다가 한순간에 나가떨어지는 경우를 더 걱정해야 한다는 말입니다. 헌신과 봉사의 대명사인 간호사 나이팅게일은 크림 전쟁에서 돌아온 후 병에 걸렸고, 이후 죽을 때까지 병상에서 지냈습니다. 그녀는 '희생 없는 헌신이야말로 진정한 봉사'라는 말을 남겼습니다. 아무리 위대한 일도 우선 자신이 건강해야 의미가 있다는 말입니다.

일 잘하는 사람은 쉬는 것도 잘한다.

불안을 가라앉히는 말

불안감
UP ⬆
푸페 토크

❌

넌 참
운도 좋다

☹

불안감
DOWN ⬇
펩 토크

⭕

열심히
했으니까
운이
따라준 거지

☺

어떤 일을 해내고 나서 "그냥 운이 좋았을 뿐이야"라고 말하는 사람들이 있습니다. 물론 천성적으로 겸손한 성품이라 이런 말을 하는 경우도 있습니다. 그런데 이 중에는 자신에 대한 불신이나 자신감 부족을 이런 말로 표출하는 경우도 적지 않습니다. 자신이 그런 일을 해냈다는 것 자체를 있는 그대로 믿지 않고 스스로를 의심하고 검열하는 데 익숙하기 때문이죠.

이런 경우라면 상대가 "그냥 운이 좋았을 뿐이야"라고 말했을 때, '그래, 넌 참 운이 좋구나'라고 생각하면서 가만히 있기보다는 "네가 열심히 했으니까 운이 따라준 거지", "운이 따라주다니 정말 대단하다"라고 펩 토크해보세요. 이 말을 들으면 확실히 불안감이 가시고, 자신감과 긍정적인 기운이 생깁니다. 정말 겸손해서 그렇게 말하는 상대에게도 마찬가지입니다. "열심히 한 보람이 있다. 정말 대단하다"라고 말이에요.

운은 스스로 컨트롤할 수 없다고 생각할지 모르겠지만, '운이나 우연을 내 편으로 만드는' 상황은 확실히 존재합니다. 미국 코넬 대학의 로버트 H. 프랭크 교수는 『실력과 노력으로 성공했다는 당신에게』(글항아리, 2018)라는 책에서 운을 의식적으로 내 편으로 만드는 법에 대해 이야기합니다. 그만큼 운을 내 것으로 만드는 것도 쉽지 않다는 것을 역설하고 있는 거죠.

성공한 누군가를 보면서도 '저 사람은 참 운도 좋아'라기 보다는 '운까지 따라주다니 정말 열심히 살았네'라고 생각해 보세요. 그러면 한결 내 마음도 편안해집니다.

노력하는 사람에게 운도 따라온다.

불안을 가라앉히는 말

불안감
UP ⬆
푸페 토크

❌

되는 일이
하나도 없어

➡

불안감
DOWN ⬇
펩 토크

⭕

잘되는
일도 있어

☹ ☺

저희 병원 환자들 중에는 "눈이 잘 안 보이고, 이명도 있고, 허리도 아프고, 사는 게 사는 게 아니에요"라면서 안 좋은 상태만 계속 늘어놓는 분들이 있습니다. 여러분 주변에도 확실히 이런 사람이 있을 겁니다. "되는 일이 하나도 없어", "사는 게 너무 힘들어"라면서 만날 때마다 자신의 억울한 점, 힘든 점에 대해서만 토로하는 분들이 생각보다 참 많습니다. 그런데 힘들고 나쁜 상황에만 주의를 기울이고 부정적인 생각만 하면 주변에 사람이 모이지 않는 것은 물론이고 실제로 몸의 면역 기능이 낮아지고 활력도 떨어집니다.

그러니 일부러라도 내가 이미 갖고 있는 좋은 것에 집중해 줘야 합니다. 그래서 저는 부정적인 말을 늘어놓는 환자들에게 자신의 좋은 점에 주목할 수 있도록 펩 토크를 건넵니다.

"얼굴색은 너무 좋으세요", "식사는 잘 하셨죠? 잠은 푹 주무셨어요? 어머 너무 잘하셨어요", "전보다 자세도 좋아지고 젊어지셨는데요"라고 말이죠.

만사가 안 풀리고 되는 일이 하나도 없다는 생각이 들 때도 찾아보면 분명 괜찮은 일이 있을 거예요. 사람은 자신이 갖고 있는 좋은 것에 대해서는 망각하는 버릇이 있습니다. 어려운 일, 힘든 일 가운데 잘되는 일, 다행스런 일을 찾아서 나 자신

에게 말해주세요. '잘되는 일도 있어'라고 말이에요. 이렇게
자신에게 말해주면 '나는 괜찮아', '의외로 나쁘지 않은데'라
는 긍정적인 생각이 들면서 몸의 면역 기능도 좋아집니다.

내가 갖지 못한 게 아니라 갖고 있는 것에 주목하자!

불안을 가라앉히는 말

불안감
UP↑
푸페 토크

✕

○○가
나아지지
않아서
문제야

☹

불안감
DOWN↓
펩 토크

○

이 상태를
유지하는 게
어디야

☺

"몸이 너무 안 나아서 걱정이에요", "좋아지지 않으니까 불안해요"라는 말은 평소 진료 시간에 환자들에게 자주 듣는 말입니다. 이것 역시 현재 '내가 갖고 있지 못한 것', '안 좋은 것'에만 초점을 맞추기 때문에 하는 말입니다. 그런데 좀 달리 생각하면 나아지지 않는다는 것은 현상 유지를 하고 있다는 뜻으로 받아들일 수도 있습니다.

셀프케어를 하든 병원 치료를 받든 가장 중요한 것은 '악화되지 않는 것'입니다. 악화된다면 치료법을 재검토하고 바꿀 필요가 있지만, 일단 유지만이라도 잘되고 있다면 몸 상태(얼굴색, 식욕, 용변, 수면 등)가 점점 좋아지고 결국엔 증세가 호전되는 경우가 많습니다.

그러니까 나아지지 않는 것을 부정적으로만 생각하지 말고 '이렇게 상태를 유지하는 게 어디야'라고 긍정적으로 생각하는 게 중요합니다. 그러면 서서히 좋아지거나 어느 시점부터는 급속도로 좋아지기도 합니다.

병 증상뿐만 아니라 고치고 싶은 나쁜 성격이나 습관도 마찬가지예요. '왜 이렇게 나쁜 습관이 안 고쳐지지?'라고 괴로워하기보다는 '그래도 나쁜 습관을 고치려고 오늘도 많이 노력했다', '오늘도 부정적인 단어 대신 긍정적인 단어를 많이

썼다'라는 식으로 생각의 방향을 전환해서 스스로에게 말해
주면 됩니다.

현 상태를 유지하는 것만으로도
좋은 일이 생길 가능성이 있다는 말이에요.

불안을 가라앉히는 말

day **066**

불안감
UP ↑
푸페 토크

×

아무리
노력해도
나아지지
않아

☹

➜

불안감
DOWN ↓
펩 토크

○

그렇다면
다른 방법을
써보면
어떨까?

☺

저희 병원에서는 일반적인 의료 기관에서 처방하는 치료법 외에도 다양한 치료법과 셀프케어 등등을 소개하고 있습니다. 가능하면 약에 의존하지 않고 이런 치료법이나 셀프케어를 통해 치료하는 것이 저희의 방침입니다.

저희 병원 환자들 중에는 여러 병원을 전전하다 상태가 호전되지 않아서 찾아온 분들이 참 많습니다. 그런 분들은 "아무리 노력해도 나아지지 않아요"라고들 말합니다. 이렇게 말하는 환자들은 오랫동안 힘든 치료 과정을 겪었기 때문에 이미 희망을 잃은 채 불안에 빠져 있습니다. 그런 분들에게 저는 이렇게 말합니다.

"지금까지 썼던 방법을 똑같이 쓰면 안 되겠네요. 그렇다면 다른 방법을 써보면 어떨까요?"

이 말을 들은 환자들은 다시 병이 나을 수 있다는 기대감을 갖습니다. 만약 오랫동안 같은 약을 먹었는데 전혀 나아지지 않았다면 그 약 성분을 정밀하게 조사한 후 끊는 것도 한 가지 방법입니다. 그렇게만 해도 몸 상태가 호전되는 경우가 의외로 많습니다(약을 줄이거나 끊는 일은 반드시 의사와 상의한 후 해주세요). 이것은 비단 건강 관리에만 해당되는 것은 아닙니다. 아무리 열심히 해도 실적이 오르지 않거나, 오랫동안 노력했는데도 전혀 나쁜 습관이 고쳐지지 않을 때도 마찬가지입니다. 정말 오랫동안 노력했지만 성과가 나지 않는 것은 나와 맞지 않는 방법을 썼기 때문일 수도 있습니다. 그럴 때는 과감하게 그 방법을 버리고 다른 방법을 찾아보세요.

계속하는 것만이 답이 아닐 때가 있다!

불안을 가라앉히는 말

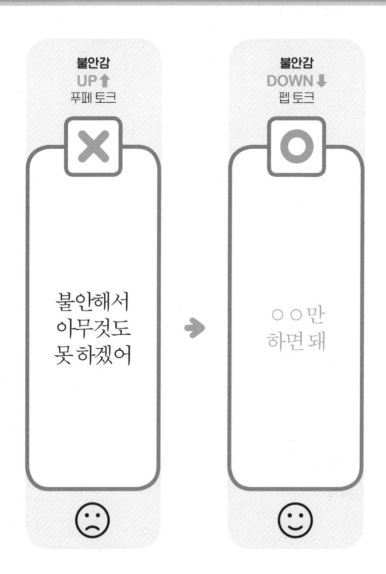

불안감
UP ↑
푸페 토크

✕

불안해서
아무것도
못 하겠어

→

불안감
DOWN ↓
펩 토크

○

○○만
하면 돼

"불안해서 아무것도 못 하겠어"라고 말하는 사람이 "힘내"라는 말을 듣는다고 해서 힘이 날까요? 오히려 힘을 내지 못하는 자기 자신이 뭔가 잘못된 것처럼 느껴져서 기분만 더 우울해지지 않을까요? 이런 사람한테는 "이거는 할 수 있을 거야", "이것만 하면 돼"라고 말해주면 오히려 도움이 됩니다.

한 40대 여성이 원인을 알 수 없는 고열 때문에 저희 병원에 찾아왔습니다. 3개월 정도 전부터 38도 이상의 열이 나면서 다리에 관절통까지 생겼는데, 정밀검사를 해봐도 정확한 원인이 나오지 않았습니다. 그녀는 다른 병원에서 교원병이 의심된다는 진단을 받은 후 우울증에 가까운 증상도 생겼다고 했습니다. 그런데 그녀의 사연을 자세히 들어보니 오랫동안 병치레를 앓던 자녀가 10개월 전에 세상을 떠났다는 것을 알게 되었습니다. 이런 일을 겪으면 우울증에 걸리는 건 너무나 당연한 일입니다. 이런 환자에게 "너무 우울하게 집에만 있지 마시고 외출을 하세요"라고 말해봤자 소용이 없습니다. 저는 이분에게 "입으로 숨 쉬지 말고 코로만 숨을 쉬어보세요. 다른 건 생각하지 마시고 그냥 그것만 하시면 돼요"라고 말했습니다.

약 2개월 후 코로 호흡하는 것에만 모든 신경을 집중했더니 몸 상태가 좋아지고 발열과 관절통도 사라졌습니다.

염증 정도를 나타내는 CRP 수치도 극적으로 개선되었습니다. 코 호흡 이외에도 '심호흡하기', '걷기', '제대로 양치하기' 등 언제든지 쉽게 할 수 있는 치료법이 있습니다. 마음이 불안한 사람에게는 이런 것들을 제시하는 펩 토크를 건네보세요.

'아무것도 못 한다'는 생각이 들 때도
당장 할 수 있는 일이 있다.

불안을 가라앉히는 말

day **068**

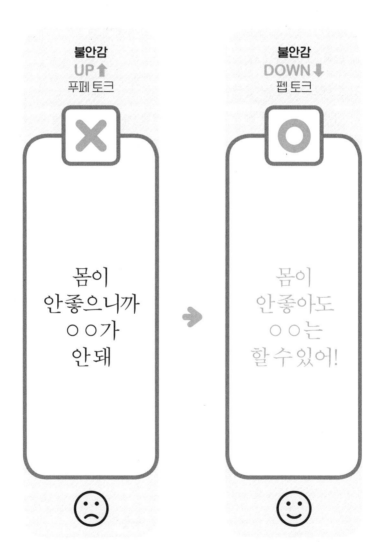

불안감
UP↑
푸페 토크

불안감
DOWN↓
펩 토크

몸이
안좋으니까
○○가
안돼

→

몸이
안좋아도
○○는
할 수있어!

<footer>
6장 ● 불안을 가라앉히는 말 223
</footer>

몸 상태가 안 좋을 때는 온 신경이 그것에만 쏠리기 쉽습니다. '몸이 안 좋으니까 ○○가 안 돼'라는 방향으로만 생각이 맴돌고 굳어지게 됩니다. 그런데 이런 생각만 하다 보면 기분은 점점 다운되고 회복력과 면역력도 떨어집니다. 그럴 때 다시 힘을 내기 위해서는 '몸이 안 좋아도 ○○는 할 수 있어'라고 말해보세요. 몸 상태가 좋지 않아도 할 수 있는 일은 반드시 있습니다. 앞서 예로 든 40대 여성 환자처럼 코로 호흡하는 일에 집중한다거나 하루 한 시간 무조건 걷는다거나 내가 찾아서 할 수 있는 활동이 분명히 있습니다. 또 '몸이 나아지면 나는 꼭 ○○를 할 거야'라고 말해도 좋습니다. 정말 하고 싶은 일이 있으면 사람은 어떻게든 힘을 낼 수 있는 동물이거든요. 그래서 저는 환자들에게 "병이 나으면 제일 하고 싶은 게 뭐예요?"라고 묻습니다. 그러면 "산티아고 순례길에 꼭 한 번 가고 싶어요", "이탈리아 여행을 꼭 가보고 싶어요" 등등 다양한 답변이 나옵니다.

물리학자이자 수필가, 시인으로 알려진 데라다 도라히코는 "건강한 사람에게는 병에 걸리면 어쩌나 하는 두려움이 있지만, 아픈 사람에게는 병에서 회복될 수 있다는 기대감이 있다"라는 말을 했습니다.

이 말은 병에서 회복될 수 있다는 마음, 그리고 회복한 후 하고 싶은 일에 대한 욕망이 얼마나 중요한지를 말해줍니다. 꼭 환자가 아니더라도 누구나 어려운 시기를 견디며 버텨내야 할 때가 있습니다. 그럴 때는 이런 말로 자신을 격려하면 좋겠습니다.

'지금 내가 할 수 있는 일'을 찾는 것.
그것이 회복의 실마리다.

7장

무심코 쓰는
위험한 말

❯❯ 위협이나 공포로는 상대의 마음을 움직일 수 없다

다른 사람에게 주의를 주거나 뭔가를 재촉할 때, 상대방을 진심으로 위한다는 명목으로 말했지만, 오히려 역효과가 난 적이 있지 않나요?

특히 자녀나 후배, 회사의 부하직원 등 나보다 어린 사람, 아랫사람에게 좋은 의도로 주의를 준다고 말을 건넸다가 상대를 불쾌하게 만든 적이 있을 겁니다. 본인이 아랫사람일 때는 그걸 분명 알았는데, 윗사람이 되고 나면 감각이 사라지는 경우가 많습니다. 또 오히려 강압적이고 위협적인 말이 행동을 바꾸는 데 효과적이라고 생각하는 사람도 있습니다. 그런데 이것은 잘못된 생각입니다. 이미 많은 심리학 연구, 심리 실험을 통해 강압적인 말이 사람의 마음을 움직일 수 없다는 사실이 밝혀졌기 때문입니다.

'치주병과 충치 예방을 위해 치과에 가게 하려면 어떻게 해야 할까'를 조사한 미국의 연구 결과가 그것을 보여줍니다. 이 연구에서는 200명의 고교생을 ABC 세 그룹으로 나누어, A에게는 구체적인 예방법과 무섭지 않은 조언을, B에게는 불안감을 주지 않을 정도의 충치 이야기를, C에게는 치주병이 실명을 일으키기도 한다는 사실을 알려주었습니다.

그 후 치과에 찾아온 사람들의 비율을 살펴보니 A그룹이 가장 많은 50퍼센트, 그다음이 B그룹으로 44퍼센트, C그룹이 가장 적은 28퍼센트였습니다. 파상풍 백신 접종을 유도하는 연구에서도 이와 비슷한 결과가 나왔습니다.

위협이나 공포로는 사람의 마음을 움직일 수 없고 행동도 변화시키지 못한다는 것이 이미 증명된 것입니다. 오히려 사람들은 무서운 일은 아예 생각하지 않으려고 하는 경향이 강합니다.

현실이 이런데도 아직도 의료 업계에서는 환자에게 최악

의 상황을 이야기하면서 불안감을 조성하는 풍토가 적지 않습니다. 69일부터는 상대방을 불쾌하게 만들 수도 있는 위험한 말을 펩 토크로 바꿔서 말하는 법에 대해 이야기해보겠습니다.

강압적인 말로는 상대의 마음을 바꿀 수 없다.

무심코 쓰는 위험한 말

day
069

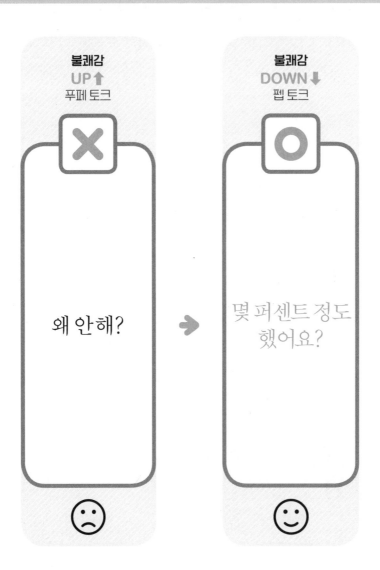

**불쾌감
UP↑
푸페 토크**

✕

왜 안해?

➡

**불쾌감
DOWN↓
펩 토크**

◯

몇 퍼센트 정도
했어요?

☹

☺

뭔가를 시작하지 않는 데에는 다 이유가 있습니다. 방법을 모르거나, 어디서부터 손대야 할지 모르거나, 그보다 먼저 해야 할 일이 있거나, 시작할 준비를 하고 있는 것일 수도 있습니다.

상대방에게 뭔가를 부탁했는데 하지 않을 때 우리는 무심코 "왜 안 해?"라고 묻습니다. 그런데 듣는 사람 입장에서는 이 말을 들으면 비난받는 느낌이 들 수 있습니다.

'저 사람은 날 신뢰하지 않는구나', '지금 하고 있는데 알지도 못하면서…', '방법도 제대로 알려주지도 않으면서 왜 재촉만 하는 거야!'라는 반감이 들 수 있다는 말이죠.

그러니 후배에게 일을 시켰는데 안 하고 있는 것 같다면 이 말 대신 "몇 퍼센트 정도 했어요?"라고 물어보세요. 이 말은 객관적으로 진행 상황에 대해 묻는 말이기 때문에 평가나 비난의 의미가 들어 있지 않아서 괜찮습니다.

만약 0퍼센트라면 방법을 모르거나, 뭐부터 시작해야 하는지 몰라서 그럴 수 있습니다. 그럴 때는 "이것부터 해봅시다"라고 시작 지점을 구체적으로 제시하거나, 일의 방법부터 가르쳐주는 게 좋습니다.

어느 정도 진행하다가 중단돼 있는 상태라면 다른 일이 너무 많아 바빠서 못하고 있거나 자료 수집 등으로 시간이 걸리는 것일 수도 있습니다. 그때는 "아! 거기까지 했군요. 잘했어요!" 같은 펩 토크로 격려해주면서 의욕과 자신감을 더 끌어내봅시다.

저희 병원 환자 중에는 운동을 제안해도 좀처럼 실행하지 않는 사람이 있습니다. 그런 분들에게도 "왜 운동 안 하세요?"라는 말 대신 "집에서 앉았다 일어섰다 횟수만 늘려도 꽤 운동이 되거든요", "TV 보는 시간만큼이라도 스트레칭을 해보세요"라는 긍정적인 펩 토크를 해드리고 있습니다.

상대방이 시작하지 못한 데에는
그만의 속사정이 있다.

무심코 쓰는 위험한 말

부하 직원이나 후배가 실수를 했을 때, 일을 잘 못할 때, 트러블이 생겨서 언쟁을 하게 될 때, 자기도 모르게 "됐어. 너 아니어도 일할 사람 많아"라는 말을 내뱉은 적이 있나요? 혹은 "아 정말 너한테 일을 맡긴 내 잘못이지"라는 식으로 자조 섞인 한숨을 내뱉은 적이 있나요? 만약 그렇다면 이건 명백히 당신이 잘못한 겁니다. 이런 말은 상대방에게 상처와 굴욕감을 줄 뿐 아니라 동기부여와 의욕을 빼앗습니다. 절대로 해서는 안 되는 최악의 푸페 토크입니다. 이런 말을 들은 후배의 마음은 차갑게 얼어붙고 자신에게 이런 열패감을 안긴 선배에 대한 인간적인 신뢰감마저 잃어버릴 게 뻔합니다. 또한 이런 말을 한 사람은 커뮤니케이션 능력이나 인간성이라는 측면에서도 나쁜 평판이 자라게 됩니다. 그러므로 상대방을 위할 뿐 아니라 스스로를 위해서도 이런 말을 함부로 해서는 안 됩니다.

후배가 실수를 했을 때일수록 "저는 ○○ 씨를 믿어요. 이 위기를 함께 극복해봅시다", "○○ 씨가 있어서 참 다행이에요" 등의 긍정적인 펩 토크로 힘을 불어넣어줍시다. "이번에는 아쉽게도 잘 안 됐네요. 그래도 ○○ 씨 실력이 이 정도로 끝날 리는 없잖아요. 앞으로도 기대할게요"라는 말도 좋습니다.

사람은 누군가가 자신의 존재를 긍정적으로 봐주고 믿어 줘야 힘을 낼 수 있는 존재입니다. 성장도 그다음에 오는 것입니다. 누구나 처음에는 잘 못하기도 하고 실수도 합니다. 한 번의 잘못이나 실수를 꼬투리 잡아 단번에 신뢰 관계를 깨트리는 건 너무 아까운 일이에요. 후배가 실수를 했을 때, 오히려 그때야말로 마음을 사로잡아 신뢰 관계를 구축할 기회라고 생각해보세요. 그 기회를 펩 토크를 통해 실현해보시기를 바랍니다.

**인간적인 신뢰를 저버릴 수 있는 말은
절대 쓰면 안 된다.**

무심코 쓰는 위험한 말 **day 071**

어떤 후배가 한번 밉상으로 보이면 별거 아닌 일도 안 좋아 보입니다. 역으로 어떤 후배를 좋게 보면 약간의 실수를 해도 좋게 볼 수도 있는 거겠죠. 이는 앞서 말한 아론 벡의 '컵에 든 물' 이야기와 일맥상통합니다. '물이 절반밖에 안 남았다'고 생각할 것인지 아니면 '아직 이만큼이나 남았네'라고 생각할 것인지 선택은 바로 우리의 몫입니다. 똑같은 상황에서도 어떻게 생각하느냐에 따라 이후 전개될 일이 180도 바뀔 수 있기 때문이죠. "이것밖에 못 했어?"라고 말하는 상사와 "그래도 여기까지는 끝냈네요"라고 말하는 상사가 있습니다. 당신이 부하 직원이라면 어느 쪽 상사와 일하고 싶을까요? 어떤 상사와 일할 때 더 의욕적으로 할 수 있을까요? 물론 후자입니다.

"이것밖에 못 했어?"라는 말에는 이미 불만이 들어 있습니다. 이렇게 불만 어린 말을 들은 부하 직원은 어떤 생각을 할까요? 만약 스스로 열심히 하고 있다고 생각한다면, '이렇게 열심히 일하는데도 상사한테 이런 소리를 듣는구나'라면서 의욕을 잃을 겁니다. 그와 반대로 본인 스스로 아직 익숙지 않아서 실력이 모자라다고 느끼고 있다면 '내가 아직 잘 못하는 거 나도 안다고요!'라면서 반발심이 생길 겁니다.

그러니 남아 있는 일이 아니라 이미 다 끝낸 일에 주목해서 이야기보세요. "그래도 여기까지는 끝냈네요"라고 말해주면 상대는 안심할 수 있고 '남은 것도 열심히 해보자!'라는 마음이 듭니다. 상대가 열심히 해주길 원한다면 더욱 '다 끝낸 일', '좋은 일'로 눈을 돌려 상대를 인정하는 펩 토크를 해주세요. 상대와 자신 모두 마음이 편해지고 일도 순조롭게 풀릴 거예요.

같은 상황도 사고방식에 따라 180도 바뀐다.

불쾌감
UP↑
푸페 토크

X

왜 못해?

➜

불쾌감
DOWN↓
펩 토크

O

어떻게 하면
할 수
있을까?

☹

☺

누구에게나 잘하는 일과 못하는 일이 있습니다. 자신은 쉽게 하는 일을 다른 사람이 못하고 있으면 "왜 못해?"라는 말이 쉽게 나옵니다.

이 말은 언뜻 할 수 없는 이유를 묻고 있는 것처럼 들리지만, 사실은 상대를 강하게 비난하는 말입니다. 이런 말을 들으면 그 사람은 '나는 왜 이런 일도 이렇게 못할까……'라는 생각에 고개를 떨굴 수밖에 없습니다. 그러니까 이 말은 결국 '생각한 대로 되지 않은 것에 짜증을 내는' 아무 의미 없이 그저 상대를 불쾌하게 만드는 푸페 토크입니다.

게다가 이런 말을 들으면 '이 사람은 대책을 생각해주는 게 아니라 그저 비난만 하는구나'라는 생각이 들기 때문에 나쁜 감정만 쌓입니다.

그렇다고 해서 "조만간 할 수 있게 될 거야", "어떻게든 되지 않겠어?", "열심히 하는 수밖에 없어"와 같은 애매한 격려도 이 경우에는 NG입니다.

상대는 일이 잘 풀리지 않아서 이미 스스로 힘들어하고 있습니다. 그 마음을 먼저 알아주는 것이 중요합니다.

"어떻게 하면 할 수 있을까?"라고 말하면서 함께 문제가 뭔지 파악하고 해결하려는 자세를 보여주면 나에 대한 신뢰도는 단번에 상승합니다. "보통은 어떻게 일 처리를 했나요? 알려주세요"라고 상대의 업무 스타일을 자세히 알아보는 것도 좋습니다.

상대의 마음을 알아주는 한마디를 던져보자.

무심코 쓰는 위험한 말

day
073

불쾌감
UP ↑
푸페 토크

✕

그런 것도
못해?

➡

불쾌감
DOWN ↓
펩 토크

〇

애썼어요.
나이스
챌린지!

72일에도 이야기했지만 자신에게 너무 쉬운 일인데 다른 사람이 못해서 고생하고 있는 것을 보면 "그런 것도 못해?"라는 말이 무심코 튀어나올 수 있습니다. 하지만 누구에게나 할 수 없는 일이 있습니다. 내가 잘한다고 해서 상대도 잘할 거라고 생각하면 안 됩니다.

특히 경력이 별로 없는 신입이나 후배 입장에서는 아직 잘 못하고, 익숙하지 않고, 방법을 잘 모를 수 있습니다. 이렇게 비기너의 입장에서 열심히 해보려고 하는데 "그런 것도 못해?"라는 말을 들으면 단번에 차단당한 기분이 들 겁니다. '무시당했다'는 생각이 들면서 불신감도 생길 수 있습니다.

입장 바꿔서 내가 뭔가를 배우기 시작했는데 가르쳐주는 사람이 "그런 것도 못해?"라고 하면 당신도 '이 사람 밑에서는 일 못 하겠네'라고 생각할 수도 있습니다. 인간관계의 기본은 우선 상대방을 인정하는 것입니다. 인간관계가 때로는 복잡한 것이기도 하지만 결국 사람이 다른 사람에게 바라는 건 감사와 인정입니다. 업무상 당신이 우위의 입장에 있다면 더더욱 감사와 인정의 마음가짐을 가져야 해요. 그 사람이 지금 당장 할 수 없는 일, 못하는 일에만 초점을 맞춰서 비난할 게 아니라 노력한 과정, 애쓰고 있는 지금 상황에 집중해보세요.

그러면서 그 부분을 인정하는 펩 토크를 하면 됩니다.

"열심히 했네요", "애 많이 썼어요", "할 수 있는 데까지 많이 했네요", "좋은 시도예요", "나이스 챌린지!" 등등 할 수 있는 말은 정말 많습니다. 상대방이 어떤 점 때문에 힘들어하고 있다면 "아, 내가 눈치채지 못해서 미안해요", "어떤 부분이 힘든지 얘기해줄래요?"라는 말로 상대방이 속마음을 털어놓도록 환경을 조성해주는 것도 좋습니다. 그렇게 해서 불편한 점을 함께 해결하려고 노력하다 보면 서로에 대한 신뢰감을 만들어가면서 일이 더 잘되게 만들 수 있습니다.

못한 일이 아니라,
해낸 일에 주목하고 칭찬해보자.

**불쾌감
UP ↑
푸페 토크**

**불쾌감
DOWN ↓
펩 토크**

❌

⭕

역시 너한텐
무리였구나

➡

여기까지
했으면
잘한 거야.
다음엔 더
잘할 거야

☹

☺

인생에는 해보지 않으면 결과를 알 수 없는 것이 참 많습니다. 예를 들면 대학 입시도 그렇죠. 아무리 열심히 공부해도, 모의고사에서 매번 1등급이 나왔어도, 대학 입시에서 원하는 학교에 합격하지 못할 수도 있습니다. 신규 거래처 미팅, 새로운 프로젝트의 자료 만들기, 첫 번째 기획서, 난생처음 해보는 육아나 요리 등등 우리 모두는 해보지 못한 일에 도전하는 과정을 반복하면서 살고 있습니다. 그런데 처음 뭔가를 시도했는데 "역시 너한텐 무리였구나", "너한테는 어렵겠다"라는 말을 들으면 기분이 어떨까요? 내가 들인 노력을 다 부정당하는 것 같아 언짢아질 겁니다. 그런데 의외로 후배에게 이런 말을 하는 선배들이 많습니다.

"내가 맡긴 일이 너무 어려웠지", "아직 이 일을 맡기기에는 일렀구나"라는 식으로 자신의 판단이 틀렸다는 식으로 말하는 선배들도 있습니다. 하지만 이런 말을 듣는 후배는 마음이 편하냐 하면 전혀 그렇지 않습니다. 오히려 그와 반대로 '내가 기대에 부응하지 못했구나', '선배님은 내가 무능하다고 생각하겠지'라며 괴로워합니다. 그렇게 되면 또 그런 말을 듣게 될까 봐 긴장하게 되고 심적으로 위축되다 보니 일이 더 손에 안 잡힐 수 있습니다.

그러니 후배나 부하 직원이 더 일을 잘하길 원한다면 "여기까지 했으면 잘한 거야. 다음엔 더 잘할 수 있어"라고 말해주세요. 또 "○○ 씨라면 할 수 있을 거예요"라면서 믿음을 보여주는 것이 좋습니다. 이런 말을 들은 후배는 그 믿음에 보답하고 싶어서 더 잘하려고 스스로 마음을 다잡을 겁니다.

사람은 노력을 인정해줘야 더 노력한다.

내가 상대에게 무슨 말을 계속 하고 있는데 그가 "네", "듣고 있어요"라고 피드백을 해주지 않으면 왠지 답답합니다. 특히 정말 중요한 이야기를 하고 있는데 상대의 반응이 부족하다 싶으면 불안과 짜증으로 그만 "내 말 제대로 듣고 있어?"라는 말이 나올 때가 있습니다.

하지만 제대로 듣고 있는지 아닌지를 객관적으로 판단하기란 어렵습니다. 대답을 잊을 정도로 경청하고 있을 수도 있고, 들은 말을 머릿속으로 곱씹고 있거나 대응 방안을 생각하느라 반응하지 못하고 있는 것일 수도 있습니다. 이런 타이밍에 "내 말 제대로 듣고 있어?"라고 하면 "지금 내 말 안 듣고 있지?"라고 단정 짓는 것처럼 들리기 때문에 공격적으로 느낄 수 있습니다.

상대를 불쾌하게 하지 않으면서 내 이야기를 잘 듣고 있는지 확인하고 싶을 때는 "지금까지 한 말, 이해가 돼요?"라고 말해보세요. 잘 듣고 있었다면 불쾌하게 생각할 것 없이 "네, 괜찮아요"라고 대답할 것이고, 혹시 잘 듣지 못한 부분이 있다면 "잘 이해가 안 되는데 한 번 더 말씀해주시겠어요?"라고 말할 수도 있습니다. 그러면 결국 상대를 불쾌하게 하지 않으면서 이야기를 순조롭게 진행할 수 있습니다.

만약 상대가 "모르겠어요", "잘 못 들었어요"라고 한다면
"왜 몰라?", "왜 안 듣는 거야!"라면서 상대를 위축시킬 것이
아니라, "이 부분을 기억해주세요", "이 얘길 좀 들어줘요"라
면서 가장 중요한 부분을 다시 한 번 짚어주세요.

공격적인 말은 상대의 마음을 위축시킨다.

무심코 쓰는 위험한 말

day **076**

불쾌감
UP ↑
푸페 토크

✕

왜
못 알아들어?

➜

불쾌감
DOWN ↓
펩 토크

〇

어떻게
설명하면
이해하기
쉬울까?

회사에서 팀원이나 후배에게 일을 가르칠 때는 "왜 ○○ 안해?"라는 말을 하고 싶을 때가 분명 있습니다. 보통 이런 말이 나올 때는 후배가 내 생각대로 움직이지 않아서(일을 못해서) 짜증이 나거나 실망했을 때가 많습니다. 이럴 때는 화가 나 있기 때문에 나도 모르게 후배를 무시하게 되는데, 그 마음은 반드시 상대에게 전달됩니다.

"왜 못 알아들어?"도 이럴 때 자주 하는 말 중 하나입니다. 이 말에는 '당연히 알아야 한다', '이걸 모르는 너는 수준이 낮은 것이다'라는 의미가 포함되어 있습니다. 이런 말을 들으면 불쾌할 수밖에 없고 의욕을 잃게 됩니다. 누군가를 가르쳐야 하는 입장이라면 한 가지 명심해야 할 것이 있는데 바로 상대의 의욕을 꺾어서는 안 된다는 점입니다. 상대가 '모르는 것'에는 다 이유가 있습니다. 이전에 아무도 알려주지 않았거나, 처음 듣는 이야기거나, 아직 그 일에 대한 이해도가 낮거나 등등 여러 가지가 있을 수 있습니다.

저희 병원 환자들 중에서도 제가 처방한 운동이나 호흡법을 좀처럼 받아들이지 않는 분이 있습니다. 하지만 저는 "왜 안 하세요?", "왜 못 알아들으세요?"라는 말은 절대 하지 않습니다. 그 대신에 "어떻게 설명하면 이해하기 쉬울까요?"라고 물은 후 그 환자가 실행할 수 있는 방법을 몇 가지 제안합니다. 때로는 이해를 돕기 위해 그림을 그려서 설명하기도 합니다. 그렇게 하면 그 환자가 왜 내 말을 이해하지 못하는지 더 확실하게 감이 옵니다. 그러면 어떻게 설명해야 할지 더 확실해집니다.

왜 모르는지를 묻지 말고
구체적인 방법을 제시하면 된다.

무심코 쓰는 위험한 말

불쾌감
UP↑
푸페 토크

❌

내가
너한테
일을 맡긴 게
잘못이지

☹

불쾌감
DOWN↓
펩 토크

⭕

조금만 더
힘내봅시다

☺

업무나 집안일 또는 그 밖의 상황에서 어떤 일을 맡겼을 때, 시간이 지났는데도 진행되지 않았거나 걸린 시간에 비해 완성도가 낮으면 "내가 너한테 일을 맡긴 게 잘못이지"라는 말이 무심코 튀어나올 수 있습니다.

하지만 냉정하게 생각해보세요. 조금이라도 일에 진전이 있었다면 절대 시간을 낭비한 건 아닙니다. 오히려 일을 시도한 후 문제점을 발견했거나 개선할 점을 찾아냈다면 성과가 있었다고도 말할 수 있습니다. 그런데 이렇게 자조 섞인 말을 던져버리면 상대는 자존감이 떨어지고 일할 의욕을 잃어버립니다. '나는 열심히 한다고 했는데…', '그럼 중간에 확인을 하던가', '그렇게 잘하면 본인이 하지 왜 나한테 시키는 거야'라는 식으로 그 사람도 자조 섞인 반발심을 갖게 됩니다. 인간관계는 거울의 법칙이 작용하기 때문에 내가 뿌린 대로 고스란히 돌아오게 마련이죠. 그러니 상대뿐 아니라 나 자신을 위해서도 긍정적인 펩 토크를 건네야 합니다.

조금 더디더라도 상대가 열심히 하고 있다면 "잘했어요. 조금만 더 힘내봅시다"라고 말해주세요. 그러면 신뢰감을 갖고 더 잘할 수 있게 됩니다. 그런데 상대가 어떻게 해야 할지 감을 못 잡고 있다면 "이럴 땐 이렇게 처리해주세요"라고 구체적인 방법을 제시하는 게 좋습니다. 비록 상대가 일을 잘 못 따라오더라도 비아냥거리거나 자존심을 건드리는 말은 쓰면 안 됩니다.

　기한 내에 일을 다 끝내지 못한 상대에게도 "여기까지 끝 내줘서 고마워요", "문제점이 뭔지 알게 돼서 다행이에요"라 고 긍정적인 피드백을 해주는 게 좋습니다. 그래야 상대가 의 욕을 잃지 않고 앞으로 나아갈 수 있으니까요.

어떤 상황에서도
상대의 자존심을 건드려서는 안 된다.

불쾌감
UP↑
푸페 토크

✕

너 같은 사람은
처음 봤다!

➡

불쾌감
DOWN↓
펩 토크

◯

○○ 씨 생각은
어때요?

똑같은 일도 처리 방식은 사람에 따라 크게 다를 수 있습니다. 자라온 환경, 일을 배운 경력, 갖고 있는 업무 지식 등등이 다르기 때문에 이것은 당연한 겁니다. 그런데 다른 정도가 내가 알고 있는 범위에서 벗어날 때 당황한 우리는 "너 같은 사람은 처음 봤다", "나라면 이렇게 안 했을 텐데"라는 말을 쉽게 하고 맙니다.

그런데 이런 말은 상대의 의견을 전면적으로 부정하기 때문에 푸페 토크입니다. 나의 방식이 옳을 수도 있지만, 상대의 방식도 반드시 틀리거나 부적절하다고 단정 지을 수는 없습니다.

오히려 나와 생각이 다른 상대에게 배울 점이 있을 수도 있고, 서로 의견이 부딪히면서 더 나은 결론이 나올 수도 있는데 그 가능성을 전면 부인해버리면 나에게도 손해입니다. 또 이렇게 생각을 전면적으로 부정당하면 상대는 '이 사람과는 함께 일하고 싶지 않다, 빨리 이 회사는 그만둬야지'라는 생각을 품게 됩니다.

그러므로 이럴 때야말로 "○○ 씨 생각은 어때요?"라고 묻고 내가 배울 게 있는지 구체적으로 들어보는 게 좋습니다. 그렇게 듣고 나서 "아아~ 이러저러하게 하고 싶다는 말이군요"라고 왜 그렇게 생각하는지 그 의도를 파악하는 게 중요합니다. 이렇게 하면 상대의 마음을 얻을 수 있을 뿐만 아니라, 나의 시각도 넓힐 수 있습니다.

또 "당신 같은 사람 처음 봤어"를 칭찬의 의미로 쓸 때는 오해를 사지 않기 위해 앞에 구체적인 내용을 넣어주는 게 좋습니다. "이렇게 빨리 일 처리하는 사람은 처음 봤어요. 대단하시네요", "아이디어가 참신하시네요. 그렇게 생각하는 사람은 처음 봤어요"라는 식으로 말이죠.

의견이 다를 때는 서로 윈윈할 수 있도록
존중의 말을 쓰자.

불쾌감
UP↑
푸페 토크

✕

왜 이렇게
열정이 없어!

➡

불쾌감
DOWN↓
펩 토크

⭕

요즘 뭐
힘든 일
있어요?

'열정'이 꼭 눈에 보이는 것만은 아닙니다. 사람에 따라서는 얼굴이나 태도에 있는 그대로 드러나기도 하지만 그렇지 않은 사람도 있습니다. 어떤 사람의 경우에는 자신이 노력하는 모습을 겉으로 드러내는 것 자체를 꺼리기도 합니다.

그런데 내 기준으로만 판단한 후 너무 쉽게 "왜 이렇게 열정이 없어!"라고 말해버리면 상대는 이 말만으로 이미 의욕을 상실할 위험이 있습니다. 만약 평소에 눈에 띄게 열심히 하던 사람이 갑자기 기운이 없는 것처럼 보인다면 "요즘 뭐 힘든 일 있어요?"라고 물어보는 게 좋습니다. 뭐 때문에 열정적이던 사람이 그렇게 기운이 없어졌는지 파악하는 것이 중요하지 무턱대고 나무란다고 해서 능사가 아닙니다. '열정적으로 해봐'라고 지시어를 내린다고 해서 없던 열정이 갑자기 생기는 건 아니니까요.

오히려 그 사람이 조금이라도 노력하는 모습을 발견했다면 "오늘도 열심히 하셨네요"라고 말해주세요. 이런 말을 들으면 열심히 하지 않던 사람도 '아, 이렇게 나를 믿어주는데 열심히 해야겠다'라고 결심하게 되기 때문입니다.

상황에 따라서는 "힘드시면 제가 도와드릴까요?", "무슨 문제가 있나요?"라고 물어보는 것도 방법입니다. 이런 질문을 하면서 현재 일이 원활하게 진행되지 않는 이유를 파악하는 것이 중요합니다. 평가하는 태도로 열정이 없다느니, 열심히 일을 안 한다느니 하는 지적질을 하면 십중팔구 역효과만 날 테니까요.

누군가 나를 믿고 지지해주면
열정은 자연스럽게 따라온다.

무심코 쓰는 위험한 말

불쾌감
UP↑
푸페 토크

×

누가
그런 걸
좋아해!

☹

→

불쾌감
DOWN↓
펩 토크

O

아, 그런 걸
좋아하는
사람도
있군요!

☺

사람의 취향이나 기호는 지구의 인구수만큼이나 다양합니다. 연예인을 좋아하는 사람, 인형을 좋아하는 사람, 차를 사랑하는 사람 등등 각각 나름의 취향이 있습니다. 취향은 가족이나 부부 사이에도 서로 공유할 수 없기에, 타인의 취향에 대해서 함부로 무시하는 듯한 태도를 취해서는 안 됩니다. 특히 회사에서 만난 사람들은 각자 자신만의 독특한 배경과 경력을 갖고 있기 때문에 내가 이해할 수 없는 취향을 갖고 있는 사람이 있을 수 있습니다.

그런데 우리는 그걸 알고 있으면서도 누군가 너무 독특한 취향을 갖고 있을 때 "누가 그런 걸 좋아해!"라고 말할 때가 있습니다. 혹은 나의 취향을 상대가 잘 모를 때 "어떻게 그걸 모를 수가 있어?"라고 말하기도 합니다. 이런 말은 친한 사이일수록 그냥 무심코 하게 되는데 듣는 사람 입장에서는 절대 기분 좋을 수가 없습니다. 자신의 개성과 취향을 무시당했기 때문이죠. 그러니 만약 상대가 내가 모르는 취미를 갖고 있더라도 "아, 그런 걸 좋아하는 사람도 있군요!"라면서 이해하고 넘어가면 됩니다. 이 말에 덧붙여서 "덕분에 저도 이번에 ○○에 대해 알게 됐네요"라고 하면 더욱 좋습니다. 나의 취미나 취향을 타인이 잘 모르더라도 마찬가지입니다. "잘 모르실 수도 있죠, 저도 이번에 취미를 붙이게 됐어요"라는 식으로 이야기를 나누면 됩니다. 그러면 서로 개성은 다르더라도 서로를 존중하면서 한층 따뜻한 대화를 나눌 수 있습니다.

누구에게나 독특한 취향이 있을 수 있다.

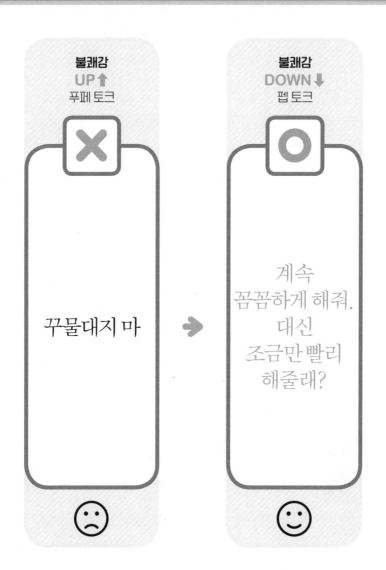

동작이나 작업이 느린 사람에게 빨리 해달라고 하고 싶을 때, 나도 모르게 "꾸물대지 마"라고 말할 때가 있습니다. 시간이 촉박할 때, 또는 상대의 작업 속도가 느려서 짜증이 날 때 하기 쉬운 말인데, 그대로 전달하면 직장 내 괴롭힘이 될 수도 있는 푸페 토크입니다.

상대는 분명 열심히 하고 있고, 어쩌면 '좋은 방법'을 모색하고 있을지도 모릅니다. "꾸물대지 마"라는 말은 그 노력을 단 한 마디로 날려버리는 절대 해서는 안 되는 말입니다. 농구에서 자유투 기회를 얻었을 때도 "빨리 해"라고 하면 성공률이 떨어지고, "릴랙스"라고 하면 성공률이 높아진다는 연구 결과도 있습니다.

재촉하는 말은 어떤 상황에서도 절대 좋은 결과를 만들지 못합니다. 오히려 역효과만 나올 뿐입니다. 하지만 정말 일정을 지켜야 하는 상황이라면 상대방의 장점을 인정해주면서 부탁하는 말을 덧붙여보세요.

속도가 느리다는 것은 꼼꼼하고 착실하기 때문이기도 합니다. 그러므로 "꼼꼼하게 하니까 안심이에요, 그 대신 조금만 빨리 해줄래요?"라는 식으로 펩 토크하면 됩니다. 그러면 상대방의 기를 꺾지 않고도 서두를 수 있습니다. 만약 정말 급한 상황이라면 그 사실을 정확하게 인지시키면 됩니다. "○시까지 끝내야 하니까 조금만 서둘러 주실래요?", "○일까지 필요하니까 속도를 조금 올려주세요"와 같이 말하면 상대의 마음을 상하게 하지 않으면서 현재 급박한 상황을 잘 전달할 수 있습니다.

"빨리 해"보다 "릴랙스"라고 말해야
성공률이 높아진다.

무심코 쓰는 위험한 말

불쾌감
UP ↑
푸페 토크

✕

그건
틀렸어

☹

불쾌감
DOWN ↓
펩 토크

◯

그렇게
생각할 수도
있겠네요

☺

회의를 할 때, 누군가와 대화를 할 때, '이 사람 말은 완전히 틀렸는데'라는 생각이 들 때가 있습니다. 때로는 10명 중 9명이 틀렸다고 생각할 만한 이야기를 늘어놓는 사람도 있습니다. 하지만 팩트가 중요한 정보 외에 가치관이나 개인의 의견 등은 사람마다 다 다를 수 있습니다.

10명 중 9명은 물론, 전원이 틀렸다고 생각한 일도 나중에 가서는 '그 사람 말이 맞았잖아'라고 이야기하게 되는 상황도 나올 수 있습니다.

또한 그 사람은 자신의 의견을 그냥 말하는 것뿐입니다. 당신에게 맞는지 틀렸는지를 판정해달라고 요구하는 것도 아닙니다. 그런데 "그건 틀렸어"라고 단정적으로 이야기하면 상대를 불쾌하게 만들 뿐만 아니라 당신의 태도가 비난받을 수도 있습니다. 그러니까 이럴 때는 "그렇게 생각할 수도 있겠네요"라고 말하면 좋습니다.

이 말은 상대의 의견을 존중하는 자세를 보여줍니다. 게다가 '틀렸다'고 생각하는 자신의 속마음을 거스르는 말도 아닙니다. 의견이 다른 상대와 말다툼이 벌어졌을 때도 "그렇게 생각할 수도 있겠네요"라고 말하면 험악한 분위기를 피할 수 있습니다. 이 말은 '내 생각은 다르지만, 당신의 의견을 존

중합니다', '이 이야기는 여기까지 하죠'라는 의미도 포함하
고 있어서 이야기를 부드럽게 끝낼 수 있습니다.

상대가 틀렸다는 걸 짚고 넘어가는 게
꼭 좋은 것만은 아니다.

불쾌감 UP↑ 푸페 토크

✗

시끄러워

→

불쾌감 DOWN↓ 펩 토크

〇

조용히 좀 해줄 수 있을까요?

'시끄럽다'는 것은 자기 자신의 느낌입니다. 다른 사람에게 주의를 줄 때 자신의 느낌이나 감정을 과하게 표출하면 상처를 주게 됩니다. "짜증 나", "그런 점이 싫어", "이제 지긋지긋하다", "못 참겠다" 같은 말들이 그렇습니다. 자신의 느낌이나 감정을 드러내지 않으면서 이성적인 말로만 문장을 만들어보세요. 그렇게 해서 상대방에게 바라는 상황을 이야기하면 오히려 내 말을 들어줄 가능성이 훨씬 더 높아집니다. "시끄러워"가 아니라 "조용히 좀 해줄 수 있을까요?"라고 표현하는 것이 대표적이 사례입니다. 더 정중하게 표현하려면 "볼륨을 약간만 낮춰주실 수 있을까요?"라고 말해도 좋습니다. "지금 옆 방에서 회의 중이니 약간 조용히 좀 해주세요"라는 식으로 조건이나 이유를 명확히 밝히는 것도 좋습니다.

"당신 목소리 때문에 머리가 지끈거려요" 같은 말들은 상대방을 부끄럽게 만들기 때문에 효과가 없습니다. 상대방을 불쾌하고 만들고 결국에는 나도 불쾌해지기 십상이니까요.

**아무리 옳은 말도 기분이 나쁘면
귀에 들어오지 않는다.**

무심코 쓰는 위험한 말 **day 084**

"○○ 안 하면 △△ 못한다"라는 말은 정말 많이 씁니다. 특히나 부모가 자식에게 "너 공부 안 하면 대학도 못 간다", "너 열심히 노력 안 하면 취직도 못 한다"는 식으로 협박할 때 무심코 쓰는 말이죠. 회사에서도 상사가 부하 직원에게 "이것도 안 하면 절대 성공 못해"라는 식으로 쓰기도 합니다. 이런 말들은 대부분 상대방에게 조언을 하거나 주의를 줄 때 씁니다. 그런데 그 어조가 협박이나 공포, 위협이기 때문에 반발심만 불러일으킬 위험이 있습니다. 그러므로 진심으로 상대가 변하기를 원한다면 긍정 표현으로 바꿔서 말하는 습관을 들여봅시다. 앞서도 이야기했지만 수많은 심리 연구에 따르면 위협이나 공포로는 다른 사람의 마음을 바꿀 수 없고, 행동도 변화시킬 수 없습니다. 아무리 내가 상대를 위해서 하는 말이고, 긍정적인 의미로 한 말이라도 마찬가지입니다.

"대학도 못 간다", "취직도 못 한다"라는 표현도 반드시 피해야 할 푸페 토크입니다. 이런 말을 들으면 문장의 내용은 기억나지 않고, "못 간다", "못 한다"와 같은 부정적인 표현만 머릿속에 남기 때문이에요.

그렇다면 나의 좋은 의도를 어떻게 전달하면 좋을까요? "○○ 안 하면"을 "○○하면"으로 바꾸면 됩니다. "공부하면 시험에 합격할 거야", "이렇게 준비해두면 프레젠테이션에 성공할 거야"라는 식으로 바꿔서 말해주세요.

이런 말을 들으면 스스로의 가능성을 깨닫고 오히려 더 열심히 할 힘을 얻게 됩니다. 똑같은 의미의 문장이라도 말투나 뉘앙스에 따라 상대에게 미치는 영향은 판이하게 달라질 수 있다는 걸 꼭 기억하세요.

협박으로는 사람의 마음을 바꿀 수 없다.

무심코 쓰는 위험한 말

불쾌감
UP↑
푸페 토크

불쾌감
DOWN↓
펩 토크

제대로 해 → 이렇게
해주세요

주의나 지시 사항을 막연하게 표현하면 듣는 사람은 당황합니다. "제대로 해"는 그 전형적인 예입니다. 상대는 이미 제대로 하고 있을 수도 있고, 그렇지 않더라도 구체적인 방법을 알려주지 않으면 어떻게 대처해야 할지 모를 수도 있기 때문입니다. 그러니 업무 지시를 내릴 때는 구체적으로 설명해주면 좋습니다. 예를 들어 "이 데이터는 이 표에 넣어주세요", "이 부분에서는 누락이 생기지 않도록 주의하세요" 같은 말로 설명하면 됩니다.

저희 병원에서도 비슷한 일이 종종 있습니다. 환자를 진찰실이나 검사실로 안내할 때 간호사 한 분이 습관적으로 "부탁드립니다"라는 말을 연발할 때가 있었습니다. 구체적으로 무엇을 부탁하는 건지 내용이 없었기 때문에 처음 온 환자들이나 아직 익숙하지 않은 환자들은 당황했습니다. 그만큼 우왕좌왕하게 되고 진찰 시간도 더 걸렸습니다.

그래서 그 말 대신 "이쪽으로 오세요", "이 침대에 누워주세요", "이 의자에 앉아주세요", "소매를 약간 걷어 올려주세요"라고 구체적으로 말해달라고 부탁했습니다. 그랬더니 환자들이 바로바로 알아듣고 몸을 움직였고 진찰 시간도 절약됐습니다. 업무 시 주의 사항이나 지시 사항을 전달할 때도 마

찬가지입니다. 가능하면 상대가 당황하지 않도록 구체적인
표현으로 말해보세요.

막연한 지시는 상대를 당황하게 만들 수 있다.

8장

마음의
벽을 허무는
칭찬의 말

무심코 하는 칭찬, 부탁의 말에도 함정이 있다

살다 보면 상대를 칭찬하거나 어떤 일을 부탁해야 하는 경우가 참 많습니다. 그런데 어떤 사람들에게는 너무나 쉬운 칭찬이나 부탁도 또 다른 어떤 사람들에게는 어려운 일일 수도 있습니다.

예를 들어 100점 만점 시험에서 90점을 맞았다고 이야기했더니 "10점만 더 맞았으면 만점이잖아"라고 나무라듯이 말하는 부모도 세상에는 적지 않습니다. 분명 어떤 사람들은 어린 시절 부모에게 이런 식의 말을 듣고 마음이 상했을 겁니다.

이들이 이렇게 말하는 이유는 '한 일'보다는 '하지 못한 일'에 신경을 곤두세우기 때문입니다. 그러니 칭찬에 인색하고 채근하는 말에만 익숙합니다.

부탁과 관련해서는 이런 조사가 있습니다. 30대 남녀 300명에게 "업무를 혼자서 떠맡은 적이 있습니까?"라고 물으니, 남녀 모두 절반이 "있다"고 대답했습니다. 대처법으로는 집중력과 근성으로 버텼다는 사람이 남녀 모두 35퍼센트, '동료나 주위 사람의 도움을 받았다'고 답한 사람은 여성이 22퍼센트, 남성이 10퍼센트 미만, '상사나 리더와 상담했다'는 여성은 10퍼센트, 남성은 5퍼센트 미만이었습니다. 이 조사 결과는 힘들 때 다른 사람에게 도움을 요청하지 못하는 사람이 꽤 많다는 것을 말해주고 있습니다.

칭찬을 잘하지 못하는 사람과 부탁을 잘하지 못하는 사람. 이들은 어쩌면 어떻게 칭찬의 말을 건네야 하는지, 어떻게 부탁의 말을 해야 하는지 제대로 배워본 적이 없어서 이런 사람으로 굳어진 것일 수도 있습니다.

칭찬과 부탁은 인간관계를 부드럽게 만드는 윤활유입니다. 서로의 신뢰를 구축하고 의욕을 끌어올리는 데에도 이것만큼 효과적인 것은 없습니다. 86일부터는 어떻게 하면 마음의 벽을 허무는 펩 토크로 칭찬과 부탁의 말을 할지 공부해봅시다. 내 딴에는 칭찬의 의미로 말을 건넸는데 상대가 불쾌해하는 일이 발생하지 않도록 말이에요. 자, 그럼 오늘도 좋은 말을 만드는 하루를 만들어봅시다.

칭찬도 말투가 따라줘야 먹힌다.

의욕
DOWN↓
푸페 토크

❌

이제야
좀 하는구나

➡

의욕
UP↑
펩 토크

⭕

꾸준히
노력했군요

하지 못했던 일을 할 수 있게 된 상대에게 "이제야 좀 하는구나"라고 말할 때가 있습니다. 물론 지금까지의 고생을 알거나 함께 노력한 경우라면 순수하게 칭찬으로 느낄 수도 있습니다. 하지만 상대에 따라서는 '이제야'라는 말 때문에 '시간이 너무 걸렸다'라는 걸 크게 받아들일 수도 있다는 걸 기억하세요. "이제야 좀 하는구나=시간이 너무 걸렸네=너는 왜 이렇게 무능하니?"라는 말로 받아들여서 오히려 침울해질 수도 있기 때문이죠.

그러니 상대방이 소심하고 예민하다면 "꾸준히 노력했군요"라고, 결과가 아니라 노력한 과정에 초점을 맞춰서 말해보세요. 그러면 상대는 더욱 보답받은 기분을 느낄 수 있습니다. 또 자신에 대해서도 긍정적으로 생각하게 되면서 "앞으로 더 열심히 해야지!"라는 생각을 하게 됩니다.

저희 병원에서도 지도 기간이 끝난 직원에게 "이제야 할 수 있게 됐군요"라고 말했을 때 '내가 병원에 그만큼 수고를 끼쳤구나', '시간이 너무 오래 걸려서 민폐를 끼쳤구나'라면서 부정적으로 받아들이는 사람도 있습니다. 이런 사람에게는 "정말 열심히 노력하셨네요", "이제 혼자서도 잘 하시겠네요!", "제가 없어도 이제 괜찮겠네요!"라면서 그 사람의 성장에 초점을 맞춰 말해줍니다. 그러면 상대는 기쁨과 성취감을 느끼고 스스로 더욱 열심히 하게 됩니다.

결과가 아니라 과정에 주목해서 칭찬해주기!

의욕
DOWN↓
푸페 토크

❌

일단
다행이네!

☹

→

의욕
UP↑
펩 토크

⭕

애
많이 썼네요

☺

주어진 업무나 작업을 끝낸 사람에게 "일단 다행이네!"라고 말하는 사람이 많습니다. 하지만 '일단'이란 말에는 '뒷일은 상관없이', '당장은'이라는 뜻이 들어 있습니다. 그 밖에도 '임시방편으로', '우선 급한 대로', '임시로' 등의 뉘앙스를 풍길 때 쓰는 단어입니다.

따라서 "일단 다행이네!"라는 말을 들으면 듣는 사람에 따라서는 '당장은 괜찮지만 앞으로 어떻게 될지는 모르겠다'라는 부정적인 느낌으로 받아들일 수도 있습니다.

그러니 그 사람이 일을 끝냈을 때는 "애 많이 썼네요", "노력한 보람이 있네요"처럼 그동안 고생한 것을 인정하는 말을 건네세요.

이런 말을 들은 상대는 '노력하길 잘했다', '노력한 보람이 있다'라고 느끼면서 스스로를 긍정하게 됩니다. 또 '저 사람이 내가 열심히 했다는 걸 알아주는구나', '내가 애쓰고 있는 걸 봐주고 있었어'라면서 나에 대해 신뢰감을 갖습니다. 또 '저렇게 나를 지켜봐주는데 앞으로 더 열심히 해야겠다'라고 생각하게 됩니다. 그러면 마음이 선순환으로 이어집니다. 나역시 그 사람에게 '저렇게 열심히 하는데 내가 더 응원해줘야겠다', '저 사람을 밀어주려면 또 뭘 해줘야 할까?'라는 식으

로 생각하면서 '다음엔 더 잘 해보자고요'라는 말을 건네며
의욕을 북돋아줄 수 있습니다.

노력한 과정을 확실히 인정해주기!

마음의 벽을 허무는 칭찬의 말 day 088

결과가 좋든 나쁘든 "더 ○○해야지!"라는 말을 하는 사람이 있습니다. 대부분 '○○하면 더 좋은 결과를 얻을 수 있어'라는 뜻으로 상대를 격려하기 위해서 하는 말이지만, 듣는 사람 입장에서는 부담이 될 수 있습니다. 특히 결과가 좋지 않았을 때는 이 말이 자신을 비난하는 것처럼 들릴 수도 있습니다. 또 결과가 좋았을 때도 '이것만으로는 부족하다, 성과가 충분하지 않다'는 뜻으로 받아들일 수 있습니다. 양쪽 모두 부정적인 감정을 불러일으킵니다.

그런데 의외로 의료 현장에서도 이 말을 자주 씁니다. 의사, 간호사, 보호자들이 환자에게 이런 말을 아무 의심 없이 그냥 던집니다. 특히 "더 좋아져야지"라는 말을 정말 자주 씁니다. 계속 열심히 치료에 임하고 있는 환자가 이 말을 들으면 '아, 나는 아직도 멀었구나'라는 생각에 낙담할 수 있으므로 조심해서 써야 합니다.

그렇다면 이 말 대신 어떤 펩 토크를 쓰면 좋을까요? 이 역시 잘 안 된 일에 주목하는 게 아니라 조금이라도 더 나아진 면이 있다면 그 점을 칭찬해주면 됩니다. "아, 오늘은 다리가 펴지네요. 앞으로 더 나아질 거예요"라는 식으로 말이에요. "아직도 이 부위가 불편하니까, 좀 더 재활 치료에 최선을 다해보세요"가 아니라 "지난번보다는 훨씬 유연해졌어요. 조금만 더 신경 쓰면 더 좋아질 거예요"라는 식으로 바꿔 말하면 됩니다.

 더 나아진 점에 주목해서 밝은 미래 제시하기.

부하 직원이나 후배에게 업무 지시를 내릴 때 '일단 해봐', '일단 해보고 말해', '해보지도 않고 왜 안 된다는 말만 해?'라는 식으로 말할 때가 있습니다. 그런데 이 말은 상대를 무시하는 듯한 뉘앙스를 풍기기 때문에 푸페 토크입니다. '토 달지 말고 그냥 해', '무조건 시키는 대로 해'라는 강압적인 느낌이 들기 때문에 이런 말을 들은 사람은 그만 의욕을 잃어버리고 맙니다.

물론 말투와 느낌, 상황에 따라 상대가 느끼는 정도는 크게 달라지지만 그만큼 조심해서 써야 하는 말입니다. 신입 직원이나 초보자에게 일을 가르칠 때도 상황에 맞게 부드러운 어조로 이 말을 사용하지 않으면 오해의 소지가 남을 수 있습니다.

따라서 이 말 대신 "○○ 씨는 잘할 거예요", "○○ 씨니까 믿고 맡길게요"라는 펩 토크를 써보세요.

그러면 상대는 '나는 이 회사에서 쓸모 있는 사람이구나', '내가 저 상사에게 도움을 주고 있구나'라는 생각을 하게 되고 더 적극적이고 긍정적으로 업무에 임할 수 있습니다. 사람은 자신을 존중해주고 믿어주는 사람에게는 본능적으로 최선을 다하려고 노력합니다.

저희 병원에서도 신입 직원이나 이제 막 부서 이동을 한 직원들에게 업무 인수인계를 한 후 이 펩 토크를 사용하고 있습니다. 이 말을 쓴 이후 병원 분위기는 훨씬 부드러워졌고 열심히 서로 돕는 풍토가 자리 잡게 되었습니다.

존중받은 사람은 그만큼 더 잘하려고 노력한다.

마음의 벽을 허무는 칭찬의 말

day **090**

"좋아요!"는 회사에서 긍정적으로 쓸 수 있는 좋은 말 중 하나입니다. 상사와 부하 직원 양쪽 모두 서로의 의견에 대해 긍정적으로 피드백할 때 쓸 수 있습니다. 그런데 이 말만 쉽게 쓰지 말고, 가능하다면 앞에 왜 좋은지 그 구체적인 이유를 붙여주세요. 그러면 상대의 입장에서는 '저 사람은 정말 자세히 나의 장점을 잘 알아봐주는구나'라고 생각하게 되면서 더 잘하고 싶다는 마음을 품게 됩니다.

예를 들어 "머리 자르셨네요. 너무 좋네요!"보다는 "머리 자르셨네요. 느낌이 밝아져서 너무 잘 어울려요. 너무 좋네요"라는 식으로 말하는 겁니다. 업무적인 피드백도 마찬가지입니다. "이 자료 참 좋네요"라고 말하기보다는 "이 자료 그래프로 알기 쉽게 만들어서 참 좋네요", "이 자료 예시가 구체적이고 생생해서 참고할 게 많으니까 너무 좋네요"라는 식으로 장점을 살려서 칭찬하는 겁니다.

이렇게 구체적으로 왜 좋은지 그 내용을 언급하면 상대는 더 기뻐하면서 의욕을 갖게 됩니다. '그래프를 잘 썼다고 칭찬받았으니까 다음번에는 문장을 더 세련되게 다듬어야겠다', '다음에는 색깔도 더 잘 써서 알아보기 쉽게 만들어봐야지', '다음에는 여기에 고객들의 반응까지 덧붙여서 현장감

을 더욱더 살려봐야겠다'라는 식으로 스스로 알아서 노력하
는 사람으로 변신하는 거죠.

구체적으로 내용을 언급하면서 칭찬하면
진정성이 배가된다.

마음의 벽을 허무는 칭찬의 말

의욕
DOWN↓
푸페 토크

머리 좋네요

→

의욕
UP↑
펩 토크

이렇게
잘하다니
대단한데요

빠르고 정확하게 일을 처리하는 사람에게는 "머리 좋네요"라고 말할 때가 있습니다. 물론 이 말은 칭찬이기 때문에 괜찮습니다.

하지만 조금 긴 시각으로 본다면 이 말도 상대의 의욕을 잃게 할 가능성이 없지 않습니다. 이와 관련한 한 심리 실험이 있습니다. 이 실험에서는 어린이들을 두 그룹으로 나누어 한쪽에는 "정말 머리가 좋구나"라고 칭찬하고 또 다른 한쪽에는 "정말 열심히 했구나"라고 칭찬했습니다. 결과는 어떻게 됐을까요? 전자 그룹은 문제 해결력이 낮아지고 후자 그룹은 그와 반대로 문제 해결력이 높아졌다고 합니다. 노력한 내용을 칭찬하는 것이 더 의욕을 불러일으킨다는 뜻입니다.

또 다른 심리 실험에서는 어린이에게 머리가 좋다고 칭찬하면 시험에서 커닝을 하는 등 꼼수가 늘어난다는 결과가 나온 적도 있습니다. 머리가 좋다는 점을 너무 칭찬하면 '머리 좋은 자신'을 유지해야 한다는 압박감 때문에 이런 행동을 하게 된다고 합니다. 이것은 비단 어린이에게만 해당되는 게 아닙니다. 어른의 경우에도 마찬가지입니다. 어른도 "머리 좋네"라는 칭찬을 들으면 역시 그 이미지를 깨고 싶지 않아서 실패를 두려워하게 되고 그러다 보면 새로운 것에 도전하지 않게 된다고 합니다. 그러니 상대의 의욕을 북돋아주고 싶다면 "머리 좋네요"라고 말하기보다는 "이렇게 잘 해내다니 정말 대단한데요"라는 식으로 노력한 과정을 강조하면서 칭찬해주세요.

"머리 좋네요"는 생각보다 위험한 칭찬이 될 수도 있다.

9장

나도 모르게 쓰는 부정적인 말

" 못 하게 할수록 더 하고 싶어진다!

"신경 쓰지 마." "걱정하지 마."

이런 말들은 우리가 정말 많이 쓰는 말이라서 문제가 있다는 생각 자체를 해본 적이 없을 겁니다. 하지만 사실 이런 말들은 푸페 토크입니다. 55일에 공부했던 '흰곰 효과'라고 하는 심리학 이론을 다시 떠올려보세요.

흰곰에 대해서 생각하지 말라는 말을 들으면 머릿속에 흰곰이 바로 떠오른다는 그 이야기 말이에요. 이와 비슷한 이야기로 '칼리굴라 효과(칼리굴라 현상)'라는 것도 있습니다. 이는

로마 황제 칼리굴라를 모델로 한 영화 〈칼리굴라〉가 내용의
과격함 때문에 미국의 일부 지역에서 상영 금지 처분을 받자,
오히려 더 사람들의 흥미를 끌며 대히트를 기록했다는 사실
에서 나온 말로, '금지될수록 더 하고 싶어지는 심리 현상'을
가리키는 말입니다. '초콜릿을 생각하지 마'라는 카피 때문
에 초코 소비량이 늘었다는 보고도 있습니다. 그러므로 "신
경 쓰지 마"라는 말을 들으면 더욱 신경을 쓰게 되고, "걱정하
지 마"라는 말을 들으면 오히려 더 걱정을 하게 되는 게 인간
의 심리라는 것입니다. '부정적인 단어+부정형' 문장은 일단
머릿속에 입력된 말을 뇌가 한 번 더 부정해야 하기 때문에
스트레스를 유발합니다. 그러므로 가능하면 긍정적인 단어
를 골라서 뇌에 입력하는 게 좋습니다.

92일부터는 자기도 모르게 쓰고 있는 부정적인 단어를 긍
정적인 단어로 바꾸는 것을 공부해봅시다. 무심코 사용하는
부정적인 말을 긍정적인 말로 바꾸는 연습을 해보자고요.

사람은 하지 말라고 하면 오히려 하고 싶어진다.

나도 모르게 쓰는 부정적인 말

안심감
DOWN ↓
푸페 토크

✕

감기
걸리지 마

안심감
UP ↑
펩 토크

O

몸을
따뜻하게
하세요

요즘에는 코로나바이러스 때문에 건강과 관련된 대화를 정말 많이 하게 됐습니다. 겨울이 되면 텔레비전 광고에서 '감기'라는 단어가 일상적으로 반복됩니다. 지인들과 인사할 때도 "건강하게 잘 지내!"라는 말보다도 "감기 걸리지 마"라는 말을 할 때가 더 많습니다. 이 말도 얼핏 들으면 상대의 건강을 염려해주는 말이라서 펩 토크인 것 같지만 '감기'라는 부정적인 단어에 '~하지 마'라는 부정형이 붙은 푸페 토크입니다. 뒤에 "걸리지 마"라는 말이 있긴 하지만 이 말을 들으면 앞에 있는 '감기'라는 말이 먼저 뇌에 입력됩니다. 그러므로 정말 상대가 건강하길 바라거나 상대의 몸을 걱정한다면 '감기'라는 말은 그냥 아예 쓰지 않는 편이 좋습니다.

예를 들어 환절기에는 "요즘 추워졌으니까 따뜻하게 입고 다니세요", "일교차가 심하니까 겉옷을 챙겨 다녀요"라고 말하는 편이 훨씬 좋습니다. 피곤하고 지친 사람에게는 "오늘 밤에는 편안하게 잘 주무세요"라고 말해주세요. 그러면 자신이 지금 처해 있는 상황을 이해해준다는 생각에 안심감을 느낄 수 있습니다. 또한 감기뿐 아니라 다른 종류의 병명도 마찬가지입니다. "코로나 걸리지 말고 다음에 또 만나자"라고 인사하기보다는 "면역력 잘 챙기고 다음에 또 웃으면서 만나자"라고 말하는 게 훨씬 좋습니다.

"오늘도 기운차게 일해봅시다"라고 직접적으로 긍정적인 메시지를 전달하는 방법도 좋습니다.

병을 직접적으로 언급하는 건
오히려 병을 끌어당길 수 있다.

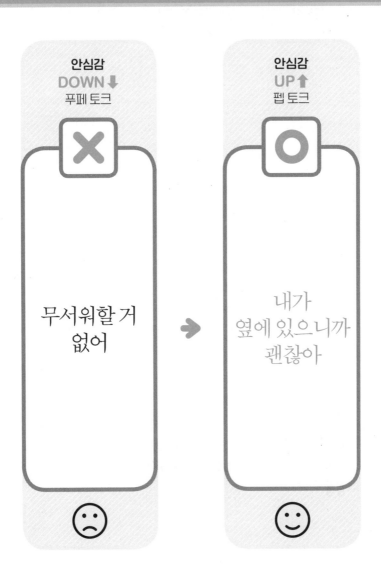

안심감
DOWN ⬇
푸페 토크

안심감
UP ⬆
펩 토크

무서워할 거
없어

➡

내가
옆에 있으니까
괜찮아

"무서워할 것 없어"라는 부정형은 "감기 걸리지 마"와 마찬가지로 푸페 토크입니다. 여기에는 '감기'라는 말 대신 '무섭다'가 들어 있습니다. 마찬가지 원리로 이 말을 들으면 그냥 '무섭다'라는 단어가 뇌에 입력되기 십상입니다. 사실은 무서운 일인데 억지로 무섭지 않다고 설득하고 있는 것처럼 느껴지는 거죠. 예를 들어 아이가 무서워하고 있을 때 "무섭지 않아, 무서워할 것 없어"라고 아무리 반복해도 아이를 안심시킬 수는 없습니다. 상황에 따라서는 오히려 그 말을 듣고 아이가 더 무서워할 수도 있습니다.

그러니 아이를 안심시키고 싶다면 "내가 옆에 있으니까 괜찮아"라고 말하세요. 미소를 띤 채 눈을 맞추면서 이야기하면 더욱 효과적입니다. 급한 상황에 처했다면 아이뿐 아니라 어른도 마찬가지입니다. "같이 있을 테니까 안심하세요", "필요하면 언제든 이야기해요"라는 말을 들으면 공포심이 가라앉으면서 차분하게 대응할 수 있게 됩니다.

특히 지금 정말 위험한 상황에 처한 사람에게 "무서워할 거 없어요"라고 말하면 '아니 내가 지금 무서운데, 어쩌라는 거지?', '내 기분을 당신이 어떻게 알아?'라는 반발심이 생겨날 수도 있습니다. 그러니 상대방이 긴장하고 있을 때 이 말

은 자제해주세요. 우선은 상대방의 현재 상태를 있는 그대로
받아들인 후에 마음이 진정될 수 있는 펩 토크를 전달하는 게
중요합니다.

 무서울 때는 누군가 나를 안심시켜 주기를 바란다.

안심감
DOWN ↓
푸페 토크

안심감
UP ↑
펩 토크

넘어지지
마세요

발밑을
조심하세요

사지에 힘이 없는 노인이나 병 후유증 등으로 다리가 불편한 사람에게 "넘어지지 마세요"라고 말할 때가 있습니다. 또는 많은 부모들이 아이들에게 "다치지 말고"라고 자주 이야기합니다. 그런데 이 말은 사실 '넘어지다', '다치다'라는 부정적인 단어를 강조하는 격이 되기 때문에 푸페 토크입니다.

지금까지 여러 번 이야기해서 잘 아시겠지만, 뇌는 부정적인 단어를 좋아합니다. '넘어진다'라는 말을 들으면 뒤에 오는 말은 신경 쓰지 않고 이 부정적인 단어만 기억 저장소에 입력합니다. 그러면 그것이 일종의 암시가 되어서 오히려 넘어지기 쉬워집니다.

얼마 전 길에서 보호자가 두세 살쯤 된 아이에게 "넘어지지 마!"라고 말한 순간, 아이가 넘어지는 것을 봤습니다. 그야말로 말에 의한 암시가 현실이 된 대표적인 사례라고 할 수 있습니다.

상대가 넘어지는 걸 정말 바라지 않는다면 '넘어진다'라는 단어를 아예 쓰지 않는 게 좋습니다. 그 대신 "천천히 걸으세요", "발밑을 조심하세요", "한 걸음씩 천천히"라고 말해주세요. 이런 말이 훨씬 도움이 됩니다. 아이들에게도 "천천히 해도 돼", "차분히 하나 둘 셋 하면 일어나는 거야", "엄마가 옆

에서 기다릴 테니까 괜찮아" 등등의 말을 상황에 맞게 해주
면 좋습니다.

부정적인 단어는 오히려
부정적인 암시를 부르니 주의하자.

안심감
DOWN ↓
푸페 토크

❌

무리하지 마

➡

안심감
UP ↑
펩 토크

⭕

할 수 있는
만큼만
하세요

친구나 지인이 아프거나 너무 바빠서 몸을 혹사할 때 "무리하지 마"라고 말할 때가 많습니다. '무리하지 않는 것'은 병의 유무에 상관없이 중요합니다. 하지만 그 사람 입장에서는 무리하지 않으면 일을 끝낼 수 없는 긴박한 상황에 처해 있을 수도 있습니다. 그럴 경우에는 '저 사람은 내 상황을 모르는구나', '말로만 걱정해주는 척하는구나'라고 오해할 수 있습니다. 그러니 그 말 대신에 "할 수 있는 만큼만 하세요"라는 말을 권해드리고 싶어요. 이런 말을 들으면 부담감이 줄어들어서 마음이 훨씬 가벼워집니다. 급하게 서둘러야 한다는 생각도 차분하게 가라앉습니다. 또 '저 사람은 정말 진심으로 나를 위해주는구나'라는 생각에 심리적으로도 안정됩니다.

상대가 병을 앓고 있는 경우에는 "건강해지면 뭐 하고 싶어요?", "꼭 한번 해보고 싶은 일이 뭐예요?"라고 물어보세요. 건강을 연상시키면서 앞으로의 꿈, 목표를 생각하게끔 유도하는 게 좋습니다.

세상에는 하루하루 힘들게 버티고 있는 사람들이 많습니다. '여기까지가 한계'라는 생각을 하면서도 어떻게든 기운을 내어 살아보려고 하는 사람은 몸이 아픈 환자뿐만이 아닙니다. 과중한 업무 때문에 힘들어하는 사람, 오랫동안 돌봄

노동에 지친 사람, 몸이 안 좋지만 일을 하지 않으면 안 되는 사람 등등 무리하지 않으면 안 되는 조건에 처해 있는 사람에게는 꼭 이런 말을 건네보세요.

이미 너무 열심히 해서 힘든 사람들은
쉬엄쉬엄 하라고 해도 어차피 열심히 한다.

나도 모르게 쓰는 부정적인 말

안심감
DOWN ⬇
푸페 토크

안심감
UP ⬆
펩 토크

짜게 먹지 마 ➡ 재료의 맛을 느껴봐

"짜게 먹지 마"가 푸페 토크인 이유는 "○○를 생각하지 마"라는 말을 들으면 오히려 더 ○○를 생각하게 된다는 '흰곰 효과' 때문입니다. 이 말을 들은 사람은 오히려 더 라면이나 짭짤한 과자 같은 게 먹고 싶어집니다.

꼭 의사에게 이런 말을 듣지 않아도 비슷한 상황은 많습니다. 건강 검진에서 혈압이 높다는 결과가 나왔을 때나 며칠 내내 짠 음식을 연이어 먹었을 때 등등 염분을 줄이고 싶을 때 이런 부정형의 말을 들으면 오히려 역효과가 납니다.

그러니 이 말 대신 "재료의 맛을 느껴봐"라고 말해주세요. 염분을 떠올리게 하는 단어에서 벗어나 재료나 요리 그 자체에 주의를 기울이면 오히려 저염 식사를 하기가 더 쉬워집니다.

"이 음식의 풍미를 찬찬히 느껴봐"라는 말도 좋습니다. 천천히 맛을 음미하면서 먹으면 속도도 느려지고, 그만큼 타액이 더 배출되어 소화도 좋아지는 선순환이 일어납니다.

조금 다른 이야기지만, 한때 미국 젊은이들 사이에서 마치 과자같이 생긴 섬유유연제를 먹는 위험한 챌린지가 유행한 적이 있습니다. 위험하니 하지 말라고 호소했지만, 이 챌린지에 참여하는 사람은 점점 더 늘어났다고 합니다. 이 역시 '금지'의 역효과입니다. 하지 말라고 하면 더 하고 싶은 것이 어쩔 수 없는 인간의 본성인 거죠.

하고 싶은 일을 하면서 행복하게 살려면 우선 건강해야 합니다. "재료의 맛을 느껴봐"는 의사로서 환자들이 건강하게 살아가도록 유도하는 좋은 펩 토크입니다.

긍정적인 상황에 주의를 기울일 수 있게
스스로를 유도합시다.

안심감
DOWN ⬇
푸페 토크

❌

재발하면
안돼

☹

안심감
UP ⬆
펩 토크

⭕

오늘
맛있는거
드시고
잘 주무세요

☺

92일에 언급했던 "감기 걸리지 마"와 마찬가지로 "재발하면 안 돼"도 역효과만 일으키기 쉬운 말입니다. 역시 같은 맥락으로 '재발'이라는 단어만 뇌에 젖어들어서 안 좋은 영향을 끼칩니다. 특히 암이나 중증 질환에 걸렸던 사람이 가장 무서워하는 것은 '재발'입니다. 가능하면 이 말을 잊고 지내려고 노력하는 사람이 "재발하면 안 돼"라는 말을 들으면 어떨까요? 생각하지 않으려고 노력했는데 이 단어를 들으면 그동안 본인이 투병했던 과정이 머릿속에 떠오르면서 기분이 우울해질 겁니다.

그런데 의사 입장에서는 아팠던 환자에게 몸 상태가 다시 나빠지지 않도록 관리하라는 조언을 할 때 '재발'이라는 단어를 너무나 쉽게 꺼냅니다. 보호자나 가족의 경우에도 마찬가지죠. 그러니 '재발'이라는 단어를 아예 빼고 이렇게 이야기해보세요.

예를 들어 "오늘 맛있는 거 드시고 잘 주무세요", "긴장을 풀고 심호흡을 하세요", "뭘 좋아하세요? 본인이 좋아하는 일을 해보세요", "이런 것들로 면역력을 높입시다"와 같은 문장을 건네면 됩니다. 몸이 아프면 정신적으로도 쇠약해지기 마련입니다. 이런 사람들에게는 압박감을 주는 말 대신 "할 수 있는 만큼만 하시면 돼요" 같은 말을 하면서 마음을 편안하게 해주는 것이 중요합니다. 그래야 건강에도 훨씬 도움이 됩니다.

듣기만 해도 괴로워지는 단어는
아예 쓰지 않는 게 상책이다.

안심감 DOWN↓ 푸페 토크

X

그 정도 노력은 누구나 해

☹

안심감 UP↑ 펩 토크

O

지금 잘하고 있어요

☺

사람마다 능력의 차이가 있기 때문에 똑같이 노력한다고 해서 똑같은 결과가 나오지는 않습니다. 정말 열심히 하는데도 성과가 잘 나오지 않는 사람도 있고, 별로 노력한 것 같지 않은데도 잘하는 사람도 있게 마련입니다. 또한 사람은 누구나 자기가 아는 일, 자신이 한 일은 크게 생각하는 경향이 있습니다. 나는 열심히 한다고 생각하는데 남들이 보기에는 그렇지 않을 수도 있고, 내가 보기에는 그다지 열심히 하지 않는 것처럼 보이는 사람도 알고 보면 고군분투하고 있을지도 모릅니다.

그러므로 "그 정도 노력은 누구나 해", "그 정도 노력하는 건 당연하지"라는 말을 함부로 해서는 안 됩니다. "다른 사람들도 그 정도는 노력하니까 너도 열심히 해야지"라는 말도 NG입니다. 물론 좋은 의도로 함께 노력해보자고 한 말이겠지만 듣는 사람 입장에서는 '내 노력이 부족하다는 뜻이구나', '지금까지 내가 노력한 건 다 무슨 소용이지?'라면서 자괴감에 빠질 수도 있습니다.

그러므로 상대가 열심히 노력하는 모습을 보이고 있다면 "지금 잘하고 있어요"라고만 말하세요. 목표가 보이기 시작했다면 "조금만 더 해봅시다", "지금 이 시기만 잘 버티면 돼

요"라고 덧붙이거나, 과거와 비교하며 "많이 늘었네요", "열
심히 노력하셨네요"라고 말해줘도 좋습니다.

병원에서 만나는 환자들도 "열심히 하겠습니다"라고 말하
는 분들이 많은데 그때마다 저를 비롯해서 간호사들은 "지금
충분히 잘하고 계세요"라고 말씀드립니다. 이렇게 인정을 받
으면 그 환자는 마음의 안정을 갖고 더 노력하게 됩니다.

상대가 노력하고 있는 걸 당연하게 생각해서는 곤란하다.

나도 모르게 쓰는 부정적인 말

day 099

어느 날 목이 계속 불편하다며 한 50대 여성이 저희 병원을 찾아왔습니다. 다른 병원에 갔더니 아무 이상이 없다면서 그냥 신경 쓰지 말라고 했다고 합니다. 하지만 앞서 여러 번 말했듯이 "신경 쓰지 마"라는 말은 "신경 써"라고 말하는 것과 마찬가지 효과를 발휘합니다. 이 환자는 다른 병원에서 "신경 쓰지 않아도 돼요"라는 말을 여러 번 들으면서 더 신경을 쓰게 되었고, 결국에는 저희 병원까지 오게 된 것이었습니다.

특히 의사들이 환자에게 이런 말을 할 때가 많은데, 이 말은 오히려 상대를 긴장하게 만드는 푸페 토크입니다. 의사의 의도와는 반대로 이 말을 들은 환자는 오히려 더 신경을 쓰게 되면서 걱정이나 불안이 늘어납니다. 일반적인 인간관계에서도 마찬가지입니다.

뭔가 실수를 한 사람에게 "신경 쓰지 마"라고 말하면 상대방은 오히려 더 긴장한다는 걸 알아두세요. 이 말 대신에 "괜찮아, 괜찮아", "이 정도는 별거 아니니까 안심하세요"라고 말해주면 상대의 마음이 훨씬 더 편해질 수 있습니다.

저도 목이 불편하다는 이 환자에게 "괜찮아요. 안심하세요. 이 정도는 누구나 그럴 수 있어요"라고 말해주었습니다. 그러고 나서 병원에서 약간의 치료만 받으면 충분히 고칠 수 있다고 설명했습니다. 이 펩 토크와 함께 호흡법과 한방 치료를 병행한 후 환자의 목은 자연스럽게 회복되었습니다.

'신경 쓰지 마'는
'신경 써'와 똑같은 의미로 들릴 수 있다.

안심감
UP↑
펩 토크

괜찮아,
괜찮아

➡

안심감
UP↑↑
펩 토크

○○라서
괜찮아요

"괜찮아, 괜찮아"는 분명 불안한 마음을 다독이고, 상대를 안심시킬 때 효과적인 펩 토크입니다. 그런데 이런 말만으로는 통하지 않을 때가 있습니다.

걱정거리를 털어놓은 사람에게 "괜찮아, 괜찮아"라고 말해줬는데도 "정말 괜찮을까?"라면서 마음이 가라앉지 않을 때 말이에요. 또 약간 다른 예입니다만 상사가 지시한 업무를 잘 처리하고 있느냐고 물었을 때 "네, 괜찮습니다. 잘 진행되고 있습니다"라고 분명 답했는데도, 불안한 목소리로 "정말 괜찮아?"라고 되물었던 때가 있을 겁니다.

긍정적인 펩 토크도 어떤 맥락에서 어떻게 사용하느냐에 따라 상대방의 반응은 크게 달라질 수 있습니다. 만약 상사가 업무의 진행 상황에 대해 물었을 때는 괜찮은지 아닌지를 묻는다기보다는 일이 어디까지 진행되었는지를 알고 싶다는 뜻입니다. 이럴 때는 정확하게 어디까지 진행 중인지를 이야기하면서 "이러저러하게 진행하고 있으니 괜찮습니다"라고 말하면 됩니다.

또 걱정거리가 있는 사람에게도 마찬가지예요. 특히 병원에 오는 환자들은 걱정이 많습니다. 자신의 몸 상태가 얼마나 나아졌는지, 더 나빠지진 않았는지 신경 쓰지 않을 수가 없습니다. 이런 사람들에게는 "오늘은 간 수치가 좋아졌어요", "약이 필요 없을 정도로 상태가 좋아졌어요"라는 식으로 구체적인 상태에 대해 언급하면서 "그러니까 괜찮아요"라고 말해주면 됩니다. 그래야 진짜 괜찮구나 하고 안심할 수 있어요.

괜찮은 이유를 제시하면 훨씬 더 마음이 안정된다.

10장

자존감을 높여주는 의학적 펩 토크

,, 보호자 입장이 된 후 깨달은 의학적 펩 토크와
푸페 토크

몇 년 전 복통으로 아픈 아내를 데리고 급히 응급실로 달려간
적이 있습니다. 아내를 휠체어에 태우고 진찰실로 들어가니
응급실 의사가 "생년월일은 어떻게 되시죠? 어디가 안 좋으
세요?"라며 딱딱한 말투로 문진(問診)을 시작했습니다. "괜찮
으세요?" 같은 배려의 말은 듣지 못했습니다. 계속되는 문진
에 아내는 몹시 괴로워하며 겨우 답변을 이어 나갔습니다.

그 모습을 보고 있자니 참을 수가 없어서 "아픈 사람인데 그냥 침대에 눕게 해주시면 안 될까요?"라고 부탁하자 의사는 승낙을 해줬습니다. 하지만 아내가 힘들게 눕자마자 제대로 쳐다보지도 않은 채로 CT를 찍으러 가자고 하는 것이었습니다.

무성의하고 무신경한 의사의 말에 저는 화가 나면서 불안했습니다. 통증을 참고 있던 아내는 아마 더 괴로웠을 겁니다. 검사 결과 복통의 원인은 다발성 난소낭종 파열임을 알게 되었고, 긴급 수술을 받았습니다. 수술 후 담당 의사가 "정말 애 많이 쓰셨어요. 이제 괜찮습니다"라고 위로의 말을 건네자 비로소 아내도 저도 마음이 편안해지면서 안심할 수 있었습니다.

이때 저는 의사의 말 한 마디가 환자와 보호자에게 얼마나 큰 영향을 미치는지를 몸소 체험할 수 있었습니다. 같은 상황에서도 의사가 던지는 말 한 마디가 환자의 상태를 악화시킬 수도 있고 호전시킬 수도 있습니다. 의사 입장이 아니라 보호자의 입장이 되어 보니 더욱 분명하게 의학적 펩 토크의 중요성을 깨닫게 된 것이죠.

💬 의료 현장에서 선순환을 낳는 펩 토크

앞서 1일부터 100일까지 연습했던 펩 토크는 이미 이야기했지만 의료 현장에서도 응용해서 사용하고 있습니다. 말투는 의료 현장에서 대단히 중요합니다. 의료진의 팀워크에도 영향을 미치지만 환자와 보호자의 불안감을 낮춰주고 회복되는 데에도 지대한 영향을 미치기 때문이죠. 그런데 생각보다 많은 의료 현장에서 부정적인 말을 쉽게 사용합니다. 의료 현장은 늘 분주합니다. 너무 바쁘게 쉴 틈 없이 돌아가다 보니 세심하게 환자의 감정을 이해하고 공감해줄 여유가 없을 때가 많습니다. 또 의사를 비롯한 의료진은 환자의 상태를 지적해야 하는 입장입니다. 말 한 마디 잘못 건넸다가는 환자의 불안감이 증폭되고 병이 악화되는 요인이 되기도 합니다.

그러므로 긍정적인 말을 하기 위해서는 '펩 토크'를 공부해야 합니다. 저도 펩 토크의 기본을 배우면서 어떤 말이 더 효과적인지 구체적으로 설명할 수 있게 되었습니다. 그리고 2년 전부터는 '의학적 펩 토크'를 체계화하고 치료 및 직원 교육에 본격적으로 도입했습니다. 그러자 직원들 간의 커뮤니케이션이 원활해지고 팀워크가 좋아졌습니다. 업무에 대한 의욕도 높아져서 이직률이 낮아지고 업무상 실수하는 부분도 줄어들었습니다. 환자들에게도 의학적 펩 토크를 사용했더니 치료에 대한 의욕이 높아져서 몸 상태가 더 빨리 회복되는 결과가 나왔습니다.

좋은 말로 스트레스를 피할 수 있다

앞부분에서도 언급했지만 펩 토크는 미국 스포츠 업계에서 감독이나 지도자가 큰 경기를 앞둔 선수를 격려하고 의욕을 불러일으키기 위해 해주는 '짧은 스피치'에서 출발한 것입니다. 미국에서는 이제 스포츠 현장뿐만 아니라 일반 가정이나 회사에서도 '다른 사람을 격려하는 기술'로서 폭넓게 퍼져 있습니다.

그런데 왜 이렇게 '말'이라는 것이 우리의 심신과 인간관계에 영향을 미치는 걸까요? 이를 뒷받침하는 연구가 있습니다. 자신에게 좋은 말을 한 경우와 그렇지 않은 경우, 스트레스 정도가 얼마나 달라지는지를 검증한 것입니다.

이 조사에서는 실험 대상자를 "나는 이 가치관을 소중히

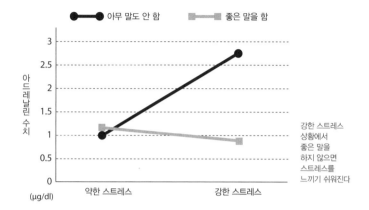

좋은 말을 한 사람은 스트레스를 덜 받는다!

●━━━● 아무 말도 안 함　　■━━━■ 좋은 말을 함

아드레날린 수치

3
2.5
2
1.5
1
0.5
0

(µg/dl)　　약한 스트레스　　　　강한 스트레스

강한 스트레스
상황에서
좋은 말을
하지 않으면
스트레스를
느끼기 쉬워진다

※평상시의 아드레날린 양은 대략 0.83ug/dl

여긴다"라는 좋은 말을 하는 집단과 하지 않은 집단으로 나
눈 다음, 10분 동안 자신의 가치관에 대해 쓰게 했습니다. 그
리고 실험이 시작된 시점을 약한 스트레스, 실험이 지속된
10분간을 강한 스트레스라고 지정한 후, 각 타이밍에 소변에
포함된 아드레날린 양을 비교했습니다.

아드레날린은 스트레스에 대항하기 위해 분비되는 호르
몬입니다. 긴장 상태를 만드는 교감신경을 움직이게 만들고,
혈압 상승이나 맥박 증가 등에도 관여합니다. 따라서 아드레

날린 양으로 스트레스 상태를 가늠해볼 수 있는 거죠. 이 실험 결과, 처음에는 양쪽 모두 아드레날린 양이 약 1ug/dl였습니다. 그런데 10분간 자신의 가치관에 대해 쓴 이후 아드레날린 양을 재보니 좋은 말을 한 집단은 1ug/dl 이하로 떨어졌고, 그렇지 않은 집단은 놀랍게도 약 2.5ug/dl로 상승했습니다.

💬 펩 토크의 규칙

의학적 펩 토크를 제대로 활용하기 위해서는 긍정적인 문장을 익히는 것도 중요하지만 펩 토크의 원칙을 알아두는 것은 더 중요합니다. 이를 세 가지로 정리해봤습니다. 앞서 100일 동안 연습했던 긍정적인 문장들은 '긍정적이고, 알기 쉽고, 상대의 기분에 공감하는 말'이라는 공통점이 있습니다.

①긍정적인 단어 선택하기

뇌는 부정적인 말을 인식하면 부정적인 결과를, 반대로 긍정적인 말을 인식하면 긍정적인 결과를 유도합니다. 따라서

'사용하는 말'은 매우 중요합니다.

"절대 지지 마!"와 "최선을 다해보자!"는 뜻은 비슷하지만 뇌에 작동하는 방식은 정반대입니다. 전자는 '지다'라는 부정적인 단어를 사용했기 때문에 뇌에 실패라는 이미지가 입력되고 맙니다. 그러므로 긍정적인 단어를 선택해야 합니다.

②짧고 알기 쉽게 말하기

사람의 듣기 능력(경청력)에는 개인차가 있습니다. 누가 들어도 이해할 수 있으려면 반드시 짧고 알기 쉽게 말해야 합니다. 펩 토크의 발상지인 미국에는 수많은 사람들이 살고 있습니다. 어른과 어린이는 물론이고 다양한 인종과 종교, 언어를 갖고 있는 사람들이 소통하기 위해서는 쉬운 말을 써야 했습니다.

그리고 '일반적인 메모' 역할을 하는 뇌의 일시적인 기억 '워킹 메모리(working memory: 작업 기억)'는 '한 번에 3~5개'밖에 기억하지 못합니다. 전화번호 등이 3~4개 숫자로 나뉘어 있는 것도 이 때문입니다. 상대방이 제대로 듣고 이해하기 위해서는 '말의 길이'도 중요합니다.

③상대의 기분에 공감하기

수험생 앞에서는 '미끄러지다', '떨어지다'라는 단어 대신, '붙는다', '이긴다' 등 기분 좋은 단어를 선택해서 쓰는 게 좋습니다. 이와 마찬가지로 그 누구와 대화를 할 때도 상대가 싫어하는 단어는 피하는 게 좋습니다. 만약 원하지 않는 말을 꼭 전달해야 할 때도 상대의 감정에 공감하면서 이야기하는 게 중요합니다. 그래야 신뢰 관계를 구축할 수 있습니다.

❞ 말투 교정은 일상 대화에서도 활용할 수 있다

펩 토크는 혼잣말뿐 아니라 대화에서도 활용할 수 있습니다. 회사나 집, 친구들과의 관계에서도 가장 중요한 것이 바로 대화입니다. 우리가 누군가에게 '내가 원하는 것'을 전달하면서도 신뢰를 구축하기 위해서는 다음 4가지 과정을 의식해야 합니다.

①수용(사실 받아들이기)
②승인(시점 전환)

③ 행동(상대의 행동 변화 촉구)

④ 격려(지지해주기)

이게 무슨 말인지, 제가 환자에게 쓰고 있는 의학적 펩 토크를 예로 들어 설명해보겠습니다.

앞서 말한 대로 저는 다른 병원을 전전하다가 증세가 나아지지 않아 저희 병원을 찾아온 분들을 많이 만납니다. 그분들의 첫 마디는 보통 다음과 같습니다.

"어느 병원에 가도 낫지를 않아요. 이 병은 정말 고칠 수 없는 건가요?"

그럼 저는 다음과 같이 대답합니다.

"그러세요? 여러 병원에 가도 낫지 않으셨군요. 지금까지 정말 고생 많으셨네요(①수용＝사실 받아들이기). 지금까지 받으신 진료도 분명 도움이 됐을 거예요. 그런 경험을 해보셨으니, 앞으로는 다른 새로운 치료를 시도해보시죠(②승인＝시점 전환). 걱정하면서 여기까지 오신 것만으로도 큰 장애물 하나를 넘으신 거예요. 저는 지금까지 여러 치료법을 시도해봤고, 나은 분들도 많이 봤어요. 안심하시고 긍정적으로 임해주세요(③행동＝상대의 행동 변화 촉구). 나을 때까지 제가 함께

할 테니 같이 열심히 해봅시다!(④격려＝지지해주기)"

바로 이런 과정을 거치는 것이 의학적 펩 토크입니다. 그런데 이것은 꼭 병원에서만 하는 것은 아닙니다. 우리가 맺고 있는 일반적인 인간관계에서도 이와 같은 과정을 통해 펩 토크를 할 수 있습니다. 여기에 두 가지 경우를 예로 들어 설명해보겠습니다.

중요한 프레젠테이션를 앞둔 친구에게

"긴장되지. 이럴 때는 누구나 긴장하는 게 당연해(수용). 그만큼 진심으로 잘하고 싶다는 뜻이니까(승인). 네가 얼마나 열심히 준비했는지 나는 잘 알아. 이제 그걸 보여주기만 하면 돼. 정말 잘 만들었으니까 괜찮아. 우선 긴장을 풀고 심호흡을 해봐(행동). 즐기고 와! 내가 응원할게!(격려)"

실수 때문에 우울해하는 후배에게

"나도 그런 적이 있어서 우울한 게 이해돼, 정말 힘들겠다(수용). 근데 다 경험이야. 실수할 수도 있지 뭐. 이번 기회에 많이 배웠다고 생각해(승인). 지금은 그런 생각이 안 들지도 모르겠지만, 나중에는 분명히

도움이 될 거야. 조금 쉬고 나서 다시 해봐(행동). 힘들면 언제든지 말

해. 내가 다 들어줄게!(격려)"

🍃 효과적인 셀프 펩 토크

셀프 펩 토크의 효과를 한층 더 높일 수 있는 요령이 몇 가지

있습니다. 그중에서도 특히 중요한 2가지 방법을 복습해보겠

습니다.

①리듬 타기

셀프 펩 토크는 '337'이나 '445', '575' 등의 리듬을 타면 더

말하기 쉽고, 기억하기도 쉬워집니다. "잘된다, 잘된다, 반드

시 난 잘된다"나 "될 거야, 될 거야, 반드시 난 될 거야" 등이

그 예입니다.

예전에 저도 병원에 큰 문제가 생겨서 너무나 괴로웠던 때

가 있었습니다. 그때 어떤 의사분이 "위기위기, 기회기회, 런

런런"이라며 마치 동요처럼 노래를 불러주어 마음이 가벼워

졌던 적이 있습니다. 큭 하고 웃음이 터지며 생각보다 큰 힘

을 얻을 수 있었습니다.

②2인칭, 3인칭을 활용

셀프 펩 토크에서는 '나'라는 1인칭이 아니라 '당신', '너' 등의 2인칭 또는 자신의 이름이나 별명인 3인칭으로 스스로를 불러보세요. 특히 3인칭이 효과적입니다. 자신의 이름을 부르면 더 객관적으로 상황을 판단할 수 있습니다. 이와 관련한 심리 실험이 있습니다. 이 실험에서는 사람들 앞에서 스피치를 해야 하는 긴장된 상황을 준 다음 세 그룹으로 나누어 각자 1인칭, 2인칭, 3인칭, 즉 "나는 괜찮아", "너는 괜찮아", "○○는 괜찮아"라고 말하게 했습니다. 그러고 나서 스피치 시작 시점과 종료 시점에 얼마나 부정적인 감정을 느끼는지 그 수치를 비교했습니다. 결과는 어땠을까요?

시작 시점에는 세 경우 모두 부정적인 감정을 비슷하게 느꼈습니다. 그런데 스피치가 끝난 후 2인칭, 3인칭으로 말한 사람은 1인칭을 말한 사람에 비해 시작 시점보다 부정적인 감정이 훨씬 낮아졌습니다. 또 이와 대조적으로 1인칭으로 말한 사람은 시작 시점보다 오히려 부정적인 감정이 높아졌습니다. 이 실험 결과는 2인칭, 3인칭을 사용하면 스트레스

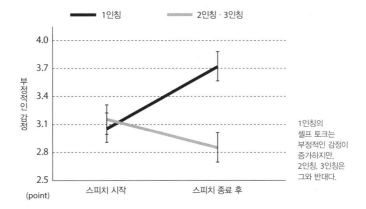

2인칭, 3인칭을 쓰면 부정적인 감정이 줄어든다!

— 1인칭　　　— 2인칭·3인칭

부정적인 감정

4.0
3.7
3.4
3.1
2.8
2.5
(point)

스피치 시작　　　스피치 종료 후

1인칭의 셀프 토크는 부정적인 감정이 증가하지만, 2인칭, 3인칭은 그와 반대다.

상황에서도 마음이 차분해질 수 있다는 것을 잘 보여주고 있습니다.

또 2인칭, 3인칭을 사용하면 자기 자신을 마치 타인처럼 인지할 수 있기 때문에 '부끄럽다'는 감정이 줄어듭니다. 이는 실패에 대한 두려움이나 공포도 완화할 수 있다는 뜻입니다. 이런 감정이 줄어들면 오히려 자기 목소리를 내기 쉬워져서 차분하고 평온하게 행동할 수 있습니다. 그러므로 스트레스를 완화하고 마음의 여유를 갖기 위해서는 2인칭, 3인칭의 셀프 펩 토크를 해볼 필요가 있습니다.

저희 병원에 찾아온 환자 중에서도 이와 관련한 사례가 있었습니다. 40대 여성 류마티스 환자였는데 그녀는 어느 날 갑자기 상태가 악화되어서 병원을 찾아왔습니다.

이야기를 들어보니 최근 직장을 옮긴 후 적응하는 과정에서 스트레스를 받았다고 합니다. 또 새로운 환경에 빨리 적응하지 못하는 것을 '자신의 미숙함' 때문이라며 자책하고 있었던 것입니다.

그래서 저는 그 환자에게 "직장 환경이 바뀌면 누구나 고생을 합니다. ○○님이 미숙해서 그런 게 아니에요. 오늘 집에 가셔서 거울을 보면서 '○○야(환자의 이름) 힘들었지, 오늘도 고생 많았어. 이만하면 너무 잘했어'라고 이야기해주세요. 자신을 원망하는 대신 꼭 이렇게 말하셔야 돼요"라고 알려드렸습니다. 그러자 그 이후 류마티스 상태를 말해주는 CRP 수치가 안정을 찾았고 환자의 통증도 사라졌습니다.

2인칭, 3인칭으로 바꾸면 더욱 효과를 발휘하는 말투 교정 일람표

	말투 교정 예시	2인칭으로 수정	3인칭으로 수정 ※○○는 자신의 이름이나 애칭
자존감을 높이는 말 day 003	나는 발전할 가능성이 있어	너는 발전할 가능성이 있어	○○는 발전 가능성이 있어
자존감을 높이는 말 day 004	아, 나는 성장하고 있구나	너는 성장하고 있어	○○는 성장하고 있어
자존감을 높이는 말 day 008	가능성이 아예 없진 않아	너는 가능성이 아예 없진 않아	○○는 가능성이 아예 없진 않아
일잘러로 만들어주는 말 day 017	괜찮아, 괜찮아, 할 수 있는 것만 하면 돼	괜찮아, 괜찮아, 너는 할 수 있는 것만 하면 돼	괜찮아, 괜찮아, ○○는 할 수 있는 것만 하면 돼
일잘러로 만들어주는 말 day 021	한 발자국만 더 가보자, 나는 갈 수 있어	한 발자국만 더 가보자, 너는 갈 수 있어	한 발자국만 더 가보자, ○○는 갈 수 있어
일잘러로 만들어주는 말 day 022	나는 할 수 있어, 반드시 할 수 있어, 해낼 수 있어!	너는 할 수 있어, 반드시 할 수 있어, 해낼 수 있어!	○○는 할 수 있어, 반드시 할 수 있어, 해낼 수 있어!
긍정 마인드가 생기는 말 day 023	괜찮아, 괜찮아	너는 괜찮아, 괜찮아	○○는 괜찮아, 괜찮아
긍정 마인드가 생기는 말 day 029	나를 용서할 수 있는 건 나 자신밖에 없어	너를 용서할 수 있는 건 너 자신밖에 없어	○○를 용서할 수 있는 건 ○○ 자신밖에 없어
장점을 발견하고 키워주는 말 day 036	나만 할 수 있는 일도 있어!	너만 할 수 있는 일도 있어!	○○만 할 수 있는 일도 있어!

의학적 펩 토크의 효능은 여러 번 이야기했지만 구체적으로 어떤 효과가 있었는지, 몇 가지 소개해보겠습니다.

① 번아웃 증후군 방지

간호사가 겪는 '번아웃 증후군'은 의사의 5배 이상이라는 조사 결과가 있습니다. 번아웃 증후군이란 일 등에 모든 것을 불태우듯이 열정적으로 매달린 이후 의욕을 잃어버리는 증상입니다. 과로나 과도한 스트레스, 일한 만큼 합당한 대우를 받지 못하는 환경 등이 그 원인입니다.

간호사는 가장 힘든 직업 중 하나로 큰 부담을 안고 일합니다. 만약 함께 일하는 의사가 "그게 당신 일이니까 당연히 해야지", "더 효율적으로 할 수 없나?" 같은 말이 아니라 "고마워요. ○○ 간호사가 잘해줘서 정말 큰 도움이 됐어요", "○○ 간호사가 있어줘서 다행이에요" 같은 펩 토크를 하면 번아웃 증후군 방지에 큰 도움이 되고 병원 분위기도 한층 부드러워집니다. 또 간호사들 사이에서도 감사나 칭찬, 위로 등을 담은 펩 토크를 주고받는다면 그 병원의 분위기는 정말 좋아지고 의료 서비스의 질까지 훨씬 더 나아집니다.

②환자의 고통을 완화시키다

주사를 놓을 때 "아프지 않아요"라고 말하는 의사가 많습니다. 하지만 뇌는 '아프다'는 말 자체를 인식하기 때문에 이 말을 듣는 순간, 바로 긴장하면서 오히려 더 통증을 느끼고 기분도 더 나빠집니다.

그러니 전국에 계신 의사, 간호사분들께 그 말 대신 "금방 끝나요"라는 펩 토크를 권합니다. '금방이면 되니까 버텨보자'라는 긍정적인 생각이 들기 때문입니다. 저희 병원에서는 주사뿐 아니라 내시경 검사 등을 할 때도 이 말을 사용합니다. 또 그 외에도 환자들이 싫어하는 검사를 해야 할 때나 시술을 해야 할 때 어떤 펩 토크가 효과가 있을지 계속 궁리 중입니다.

③좋지 않은 생각 습관 바꾸기

심신에 부담을 주는 요인을 그대로 방치한 채 치료를 한다는 것은 구멍 뚫린 양동이에 물을 붓는 것과 같습니다. 더 효과적인 치료를 위해서는 우선 양동이에 난 구멍부터 막아야 합니다. 그러기 위해서는 의학적 펩 토크가 꼭 필요합니다. 저희 병원에 찾아온 60대 여성 류마티스 환자의 사례가 떠오릅니다. 그녀는 치료 후에 호전되고 있었는데 어느 날부터 다시 상태가 악화되었다고 합니다. 원인은 남편의 정년퇴직이었습니다. 갑자기 집에 있는 시간이 늘어난 남편의 수발을 들다 보니 스트레스가 쌓였던 겁니다. 그래서 전 이렇게 말씀드렸습니다.

"○○님, 남편에게 하듯이 본인의 몸과 마음도 소중히 돌봐주세요. 그것이 오히려 주변 사람을 위하는 길입니다"

그리고 스스로에게 "나를 소중히 여기자"라고 반복해서 말하는 미션을 줬습니다. 남편에게는 간간이 외출을 하라고 부탁했습니다.

그런 처방을 한 이후 류마티스 증상은 나아졌습니다. '남편부터 챙기고 나는 나중에'라는 마인드가 근본적인 원인이었는데 펩 토크를 반복하면서 점점 고쳐진 거죠. 의학적 펩 토크 이론으로는 이를 '시점 전환'이라고 부릅니다.

" 의학적 펩 토크를 권할 때 주의 사항

의학적 펩 토크를 활용할 때는 다음과 같이 주의해야 할 점이 있습니다.

① 강요하지 않기

예를 들어 "낫는다, 낫는다, 반드시 낫는다", "할 수 있다, 할 수 있다, 반드시 할 수 있다" 같은 셀프 펩 토크는 의사가 환자에게 하면 오히려 강요하는 느낌을 주기 때문에 역효과가 날 수 있습니다. 환자가 압박감을 느끼면 안 됩니다. 의료 현장에서도 주의해야 하지만, 일상생활에서도 마찬가지입니다. 이를 테면 부모가 아이에게, 상사가 부하에게 말을 할 때는 '강요하지 않기', '압박하지 않기'라는 원칙을 항상 유의하세요.

② 말로만 하는 것은 NG

의학적 펩 토크는 의욕과 활력을 주는 말입니다. 하지만 그냥 말만 해서는 안 됩니다.

예전에 다른 병원에서 크론병(만성 염증성 장 질환)으로 투병

중이던 50세 남성이 저에게 감사 인사를 하고 싶다며 찾아왔습니다. 이야기를 들어보니 5번째 입원을 했을 때 이제 수술도 약도 다 싫은데 어떡해야 하나 고민하고 있었는데, 같은 병실의 환자가 제 책을 보여줬다고 합니다. 입호흡을 코호흡으로 바꾸는 방법을 알려주는 책이었습니다. 주치의는 "그런 방법으로 좋아질 리가 없다"고 했지만, 그는 '이 방법으로 좋아질 수 있어'라는 말을 스스로에게 들려주면서 코호흡을 하려고 꾸준히 노력했고, 결국 상태가 호전되어 퇴원했다고 합니다. 그는 이후 재발하지 않고 건강하게 지낼 수 있게 된 것이 제 덕분이라며 고맙다고 말해주었습니다. 부정적인 생각 대신 긍정적인 마음가짐을 갖기 위해서는 펩 토크와 함께 매일매일 꾸준히 노력하는 자세가 중요하다는 것을 알려준 사례 중 하나였습니다.

펩 토크를 도입한 후 달라진 치과 이야기

'메디컬 펩 토크 연구회'의 일원이자 '노우미 치과'의 원장인 노우미 마코토 선생님도 직원들과 의학적 펩 토크를 실천하고 있습니다. 그랬더니 환자의 재방문율이 올라갔고, 직원들의 의욕도 단연 높아졌다고 합니다. 그 병원에서 진행했던 사례 몇 가지를 소개합니다.

①펩 토크로 치과를 좋아하게 만든다

어른이든 아이든 치과에 가는 것은 무서워합니다. 그러므로 "아프지 않으니까 괜찮아", "무섭지 않으니까 괜찮아"라는 말은 오히려 역효과를 일으킵니다. 그래서 아이들에게 "오늘 만남을 기대하고 있었어", "이를 깨끗하게 만들어서 더 멋져지자"라고 말해준다고 합니다. 이 말을 들은 아이들은 치과가 '즐거운 곳'이라고 인식하게 되어서 더 이상 무서워하지 않는다고 합니다.

②'입이 좋아하는 양치질'로 사기를 북돋는다

어른들 중에도 양치질을 제대로 못하는 사람이 있습니다. 그러니 아이들이 양치질을 제대로 한다는 것은 쉽지 않습니다. 치과에 와서 양치질을 하는 것만으로도 대단한 것이기 때문에 반드시 칭찬을 해주고 "어머, 양치질을 하니까 입이 좋아하네", "이가 더 강해졌네", "엄마 아빠, 의사 선생님도 너무

기뻐요"와 같은 말을 꼭 덧붙인다고 합니다.

또 아이들은 칫솔질을 꼼꼼하게 못하기 때문에 "간질간질 부드럽게 닦아야 이가 좋아한대"라는 식으로 구체적인 방법을 알려준다고 합니다. 가정에서도 이런 방식으로 펩 토크를 했더니 충치 예방에도 큰 도움이 되었다고 합니다.

③협박이 아니라 칭찬으로 다시 오게 만든다

또 아이들에게 치과에 정기 검진하러 오라고 말할 때도 "치과 또 안 오면 충치가 생길 거야"가 아니라, "또 만나고 싶다", "다음번에는 양치질 잘하고 있는지 선생님한테 보여줘"라고 말합니다. 보호자에게도 "충치 예방을 위해 정기 검진하러 오세요"가 아니라, "다음번 검진 때 치아 상태를 다시 보고 같이 얘기하시죠"라는 식으로 말한다고 합니다. 이는 아이가 아니라 성인 환자에게도 마찬가지입니다.

성인 환자에게 정기 검진을 권할 때도 마찬가지로 "정기 검진 안 하시면 금세 치석이 쌓입니다. 치주염 생기면 안 되니까 다시 오세요"가 아니라 "치아 상태가 조금씩 젊어지고 있네요. 다음에는 또 어떻게 변할지 기대되네요", "이제는 케어를 너무 잘하시네요. 다음번에 다시 체크해볼게요"라는 식으로 말을 바꿨다고 합니다. 그 결과 그 이전보다 정기 검진 율이 훨씬 올랐다고 합니다.

④직원끼리 서로 돕는 분위기

노우미 선생님의 치과에서는 의학적 펩 토크를 도입하기 전에 '개인의 실수는 병원 전체의 실수'라는 의식이 있었다고 합니다. 그래서 누군가 실수를 하면 직원들 사이가 삐걱거렸습니다. 실수한 사람뿐 아니라 모두에게 책임을 물었기 때문이죠. 그런데 펩 토크 도입 이후에는 모두에게 책임을 묻는 게 아니라 "실수가 왜 생길까요? 실수를 막으려면 어떻게 해야 할까요?"라는 질문을 직원들 모두에게 던져주면서 각자 생각해보기를 유도했다고 합니다. 그 결과 서로 생각하는 문제점에 대해서 공유하게 되었고 실수가 줄어들었다고 합니다. 직원들끼리 펩 토크로 대화하게 되자 자발적으로 서로를 돕는 따뜻한 분위기로 바뀐 것은 물론입니다.

💬 말의 힘은 우리가 생각하는 것보다 훨씬 크다

'크레비오젠과 라이트 씨'라는 유명한 일화가 있습니다. 바로 악성림프종에 걸린 라이트라는 남성에 대한 이야기입니다. 이 남성은 '크레비오젠'이라는 신약이 암세포를 죽이는 데 매우 큰 효과가 있다는 신문 기사가 나오자 의사에게 부탁해서 이 약을 처방받습니다. 그러자 그의 종양은 놀랍게도 사라져버렸고 몸 상태도 거의 회복되었습니다. 그런데 그로부터 두 달 정도 후 이 약이 악성림프종에는 전혀 효과가 없다는 보도가 나왔고, 이를 본 라이트 씨는 이틀 만에 사망해버렸습니다.

가짜 약이지만 효과가 좋다는 말을 듣고 나서 실제로 몸이 낫는 현상을 플라세보 효과라 하고, 그와 반대로 나쁜 결과가 나올 거라는 예측을 듣고 몸 상태가 급격히 나빠지는 현상을 노시보 효과라고 합니다. 라이트 씨의 일화는 플라세보 효과와 노시보 효과가 얼마나 극단적으로 사람의 몸에 나타날 수 있는지를 잘 말해주고 있습니다.

이렇게 말의 힘은 우리가 그냥 생각하는 것보다 훨씬 강합니다. 평소 어떤 말을 사용하느냐에 따라 나와 상대방의 자존감, 의욕을 높여줄 수도 있고, 그와 정반대일 수도 있습니다.

무심코 내뱉은 나의 한 마디가 나 자신 혹은 누군가에게 평생 지울 수 없는 상처로 남기도 하고, 또 어떤 경우에는 평생을 살아갈 원동력이 될 수도 있다는 걸 잊지 말아야 합니다.

머리말에서도 이야기했지만 우리는 호흡하는 것보다 혼잣말, 속으로 하는 생각을 훨씬 더 많이 합니다. 호흡은 대략 2만 번이지만, 혼잣말은 4만~7만 번 정도 하고 있으니까요. 호흡법을 개선하면 삶의 질이 나아지지만, 혼잣말을 개선하면 인생은 그야말로 환골탈태합니다.

그렇게 생각하면 끊임없이 마음속으로 중얼거리는 말, 그리고 주변 사람들과 나누고 있는 말 한 마디, 한 마디는 우리의 심신에 영향을 미치는 '약'과 같습니다.

저는 가능하면 약을 처방하지 않으려고 노력하지만 '말이라는 약'은 적극적으로 활용하고 있습니다. 사람을 살리는 약이 있고 죽이는 약이 있듯이 말도 마찬가지입니다.

자신과 주변 사람을 상처 입히고 힘을 뺏는 푸페 토크라는 독약.
자신과 주변 사람을 격려하고 힘을 주는 펩 토크라는 보약.

하루에 몇 만 번이나 내가 먹어야 하고, 또 남에게 먹여야 한다면, 당신은 어떤 약을 고르시겠습니까.

좋은 말이 쌓인다,
좋은 나를 만든다

단 한 마디로 병의 상태가 바뀐다

예전에 강연회를 준비하는 자리에서 "아직도 선생님의 말씀을 기억하고 있어요"라며 한 남성이 말을 걸었습니다. 그는 배우, 성우, 사회자 등 목소리로 먹고사는 직업을 가진 사람이었습니다. 목소리가 그에게는 너무나 소중한 생계 수단이었던 거죠.

그런데 어느 날 갑자기 목소리가 나오지 않았다고 합니다. 목소리가 안 나오면 일에 지장이 생기는 정도가 아니라, 아예 수입이 끊기는 상황이었습니다.

다급한 마음에 치료를 받으려고 여러 의료 기관을 전전했지만, 의사들은 "더 이상 목을 쓰지 마세요", "가능하면 말을 많이 하지 마세요"라는 조언만 늘어놓았다고 해요. 그에게는 너무나 절망적인 말뿐이라 너무 괴로웠다고 합니다. 그러던 와중에 지인으로부터 저희 병원을 소개받아 내원하게 되었는데 그때 제가 "목소리가 안 나오면 큰일이죠. 목을 안 쓰면 안 되는 직업을 갖고 계신데요. 목소리가 나올 수 있게 치료해봅시다"라고 말했다고 합니다.

그는 이 말을 듣고서야 겨우 마음의 안정을 찾으면서 치료에 적극적으로 임했고 결국 목소리가 원래 상태로 돌아올 수 있었다고 말했습니다. 그래서 일부러 제 강연회까지 찾아와 감사한 마음을 전달했던 것이었죠.

좋은 말이 쌓이면 기분 좋게 일할 수 있다

본문에서도 여러 번 반복했지만 말의 힘은 정말 위대합니다. 단 한 마디의 말이 나와 다른 사람의 마음을 다치게 하고 의욕을 잃게 하는 '독약'이 되기도, 상처 입은 마음을 치유하고 의욕을 불러일으키는 '보약'이 되기도 합니다.

저는 이 사실을 2년 동안 환자와 보호자가 회복되면서 기

뻐하는 모습, 그리고 의료진이 열심히 일하는 모습, 서로가
존중하고 협력하는 모습에서 발견했습니다.

특히 의학적 펩 토크를 저희 병원에 본격적으로 도입하고
나서는 '긍정적인 말을 하는 게 좋다'라는 저 개인의 방침을
'나와 다른 사람 모두에게 좋은 영향을 주는 확실한 방법'으
로 직원들에게도 인식시킬 수 있었습니다.

그리고 이제 더 많은 사람들이 펩 토크를 일상생활에서 활
용하면 좋겠다는 마음에서 처음으로 '말'을 주제로 한 책을
쓰게 되었습니다.

의사인 저의 첫 번째 목표는 병원을 찾아온 환자들이 건강
을 회복하는 것입니다. 그리고 두 번째 목표는 병원에서 일하
는 직원들이 기분 좋게 일하는 것입니다. 그리고 궁극적인 목
표를 말하자면 '모두가 편안해지는 의료(みんながらくになる
いりょう)'입니다. 그래서 병원 이름도 이 말의 앞 글자를 따
서 '미라이(みらい) 클리닉'이라고 지었습니다.

여기서 제가 말한 '모두'는 저희 병원에 관련된 사람뿐만
이 아닙니다. 예를 들면 환자나 직원의 가족, 친구, 연인, 회사
동료 등 연결되어 있는 모든 사람의 건강에 문제가 생겨도 악
화되기 전에 대처할 수 있기를 바랍니다. 매일매일 건강하고

기분 좋게 지내는 것이 무엇보다 중요하니까요.

'자신감이 없다.'

'나쁜 일만 생각나서 우울하다.'

'잘되라고 한 말이 역효과만 일으켰다.'

'더 의욕적으로 일할 수 있게 독려하고 싶은데 방법을 모르겠다.'

이런 생각들은 의료 현장뿐만 아니라 온갖 상황에서 고민의 씨앗이 됩니다. 특히 사회생활에서 만난 상사나 동료들, 후배들과의 관계가 쉽지 않아 힘들어하는 분들이 많을 겁니다.

이 책에서 소개한 펩 토크를 일상생활에서 실천해보고 부디 조금이나마 도움받을 수 있기를 바랍니다. 좋은 말이 쌓이면 좋은 나, 좋은 타인, 기분 좋은 나, 기분 좋은 타인을 만들 수 있습니다.

미라이 클리닉 원장

이마이 가즈아키

· 참고 문헌 ·

- 현재를 살아가는 젊은이의 의식 – 국제 비교를 통해 알 수 있는 것(今を生きる若者の意識～国際比較からみえてくるもの～), 일본 내각부
  https://www8.cao.go.jp/youth/whitepaper/h26gaiyou/tokushu.html
- 감사로 팀워크 및 치료율이 올라가다
  Arieh Riskin,et.al Pediatrics Apr.2019,143(4)
- Opinions and Social Pressure(1955) Solomon Asch
- Third-person self-talk facilitates emotion regulation without engaging cognitive control : Converging evidence from ERP and fMRI
- Self-Talk as a Regulatory Mechanism : How You Do It Matters Journal of Personality and Social Psychology 2014, Vol. 106, No. 2, 304-324
- Third-person self-talk reduces Ebola worry and risk perception by enhancing rational thinking
- NICU에서 부정적인 말을 많이 사용할수록 의료 실수가 늘어나 환아 사망률이 상승한다 Arieh Riskin,et.al Pediatrics Sep.2015 Vol 136(3)

- Exploring the reinforcement of compliance with "do" and "don't" requests and the side effects: a partial replication and extension Psychol Rep. 1990 Oct; 67(2) :439-48

- Effects of fear-arousing communications Janis, 1953

- Self-talk in a basketball-shooting task Article Perceptual and Motor Skills 92(1):309-15-March 2001

- Praise for intelligence can undermine children's motivation and performance. APA PsycArticles

- Praising Young Children for Being Smart Promotes Cheating Psychological Science · September 2017

- 일본인은 부탁하기를 어려워한다? 2명 중 1명이 일을 떠맡은 경험 보유 (日本人は頼みごとが苦手? 2人に1人が仕事を抱え込んだ経験アリ) 인터넷 리서치 플러스(インターネットリサーチプラス)
  https://woman.excite.co.jp/article/lifestyle/rid_Suzie_9117/

- 『힘내라는 말보다 힘이 나는 말이 있다』 우라카미 다이스케 지음, 박재영 옮김 (갈매나무, 2018)

- 『마음에 와 닿는 커뮤니케이션, 펩 토크(心に響くコミュニケーション ペップトーク)』 이와사키 요시즈미(岩﨑由純) 지음, 일본 러닝시스템 감수(중앙경제사)

자존감이 쌓이는 말투 교정 100일 진도표

날짜	무심코 쓰는 위험한 말 (푸페 토크) ✕		자존감이 쌓이는 말 (펩 토크) ○	
day 001	미안해요	➔	고마워요	
day 002	너무 어려워	➔	보람이 있을 거야	
day 003	나는 그런 거 잘 못해	➔	나는 발전할 가능성이 있어	
day 004	아, 너무 힘들어	➔	아, 나는 성장하고 있구나	
day 005	어차피 해봤자 안돼	➔	한번 해보자	
day 006	짜증 나는 일투성이야	➔	좋은 일도 있었어	
day 007	나는 왜 이럴까?	➔	나는 ○○한 게 단점이야	
day 008	나한테는 절대 무리야	➔	가능성이 아예 없진 않아	
day 009	나는 안돼	➔	최선을 다해보자	
day 010	목표는 ××하는 것	➔	목표는 ××해서 ○○가 되는 것	
day 011	힘내자(○)	➔	넌 최고야, 한번 가보자(◎)	

체크하기 (소리 내어 말해보고 동그라미 치세요)	나만의 펩 토크를 만들어보세요
yes	
yes	
yes	
yes	
yes	
yes	
yes	
yes	
yes	
yes	
yes	

day 012	아직도 일이 이렇게 많이 남았어?	➡	벌써 일을 이만큼이나 했네
day 013	나는 왜 이렇게 느릴까?	➡	나는 대기만성형이야
day 014	이제 그만두고 싶어 (더 이상 안 되겠어)	➡	할 수 있는 데까지 해보자
day 015	너무 지쳤어, 내일도 힘들겠지	➡	오늘 하루도 열심히 잘 살았어
day 016	오늘은 정말 망했어	➡	오늘은 내가 한수 배운 날이네
day 017	힘들다, 괴롭다, 도망가고 싶다	➡	괜찮아, 괜찮아, 할 수 있는 것만 하면 돼
day 018	나는 도저히 못 하겠어	➡	오늘 아주 조금만 해보는 거야
day 019	나 완전히 바닥이야	➡	내가 스프링이라 생각하고 튀어올라볼까?
day 020	할 일이 너무 많아서 미치겠어!	➡	지금 하자, 할 수 있는 것부터 차근차근
day 021	안 되겠다, 못하겠어, 끝이 안 보여	➡	한 발자국만 더 가보자, 나는 갈 수 있어
day 022	난 원래 이런 거 못해	➡	나는 할 수 있어, 반드시 할 수 있어, 해낼 수 있어!
day 023	싫어, 싫어	➡	괜찮아, 괜찮아
day 024	실패하면 어떡하지?	➡	잘 확인하고 해보자 (될 대로 되라)

yes	
yes	
yes	
yes	
yes	
yes	
yes	
yes	
yes	
yes	
yes	
yes	
yes	

day 025	시간이 없어	➡	우선은 3분만 해보자
day 026	나한테 살 쪘다고 했어	➡	마침 잘됐네. 다이어트하려고 했는데!
day 027	이제 안 되겠어	➡	그래도(그럼에도 불구하고)
day 028	최악이야. 아무것도 못 하겠어	➡	괜찮아. 이제 올라갈 일만 남았어
day 029	난 안 되는구나	➡	나를 용서할 수 있는 건 나 자신밖에 없어
day 030	다른 사람들은 다 하는데 나는 왜 못하지?	➡	난 나야!
day 031	이제 나이가 있어서…	➡	오늘이 제일 젊어!
day 032	오늘도 컨디션이 별로야	➡	어제보다 ○○상태가 좋아!
day 033	나는 할 수 있어, 힘낼 수 있어(○)	➡	○○야, 넌 할 수 있어, 힘낼 수 있어(◎)
day 034	좀 더 ○○했더라면 좋았을 텐데	➡	○○라서 다행이야
day 035	넌 참 좋겠다	➡	정말 잘됐다!
day 036	저 사람 정말 부럽다	➡	나만 할 수 있는 일도 있어!
day 037	내 성격은 왜 이럴까?	➡	나는 이런 성격이 장점이야

yes	
yes	
yes	
yes	
yes	
yes	
yes	
yes	
yes	
yes	
yes	
yes	

day 038	나는 왜 이렇게 화가 많을까?	→	화가 많은 만큼 열정이 많은 거야
day 039	나는 왜 이렇게 성격이 급할까?	→	나는 순발력이 좋아
day 040	나는 왜 이렇게 깐깐할까?	→	나는 눈썰미가 좋은 거 같아
day 041	나는 따지기 좋아하는 성격이야	→	나는 논리정연한 성격이야
day 042	나는 왜 이렇게 빈틈이 많지?	→	자잘한 일에 신경을 덜 쓰는 만큼 대범한 성격이야
day 043	저 사람은 너무 쪼잔해 (인색해)	→	저 사람은 참 알뜰하고 착실해
day 044	저 사람은 왜 저렇게 리더십이 없어?	→	저 사람은 묵묵히 자기 할 일을 잘하는구나
day 045	우리 사장님은 진짜 자기중심적이야	→	우리 사장님은 자기만의 포스가 있어
day 046	우리 이사님은 진짜 걱정이 많아	→	우리 이사님은 참 신중한 성격이야
day 047	쟤는 왜 저렇게 시끄러워?	→	저 친구는 참 밝은 사람이야
day 048	김 대리는 분위기가 너무 어두워	→	김 대리는 사람이 참 차분해
day 049	왜 이렇게 느리지?	→	참 꼼꼼한 성격이군요
day 050	특별한 취미가 없군요	→	다방면에 관심이 많군요

yes	
yes	
yes	
yes	
yes	
yes	
yes	
yes	
yes	
yes	
yes	
yes	
yes	

day 051	긴장하지 말고 해	➡	그냥 즐기고 와
day 052	실수하지 마	➡	마음껏 해봐!
day 053	걱정하지 마	➡	너라면 괜찮을 거야
day 054	초조해하지 마	➡	차분하게 한번 해보자
day 055	절대 지지 마(떨어지지 마)	➡	최선을 다해보자
day 056	수고(고생)하셨습니다(△)	➡	수고(고생)하셨습니다. 정말 열심히 하셨네요(○)
day 057	힘내	➡	힘들면 언제든지 말해
day 058	어차피 내 주제에	➡	이 일은 너 아니면 안돼
day 059	어차피 이번에도 안 될 거야	➡	새로운 기분으로 시작해보자
day 060	잘 안 될 것 같아	➡	잘 안돼도 괜찮아! 다 경험이야
day 061	옛날에는 진짜 잘했는데	➡	아직 이만큼이나 할 수 있잖아요
day 062	좀 더 힘을 내봐	➡	지금 잘하고 있어
day 063	넌 참 운도 좋다	➡	열심히 했으니까 운이 따라준 거지

yes	
yes	
yes	
yes	
yes	
yes	
yes	
yes	
yes	
yes	
yes	
yes	
yes	

day 064	되는 일이 하나도 없어	➡	잘되는 일도 있어
day 065	○○가 나아지지 않아서 문제야	➡	이 상태를 유지하는 게 어디야
day 066	아무리 노력해도 나아지지 않아	➡	그렇다면 다른 방법을 써보면 어떨까?
day 067	불안해서 아무것도 못 하겠어	➡	○○만 하면 돼
day 068	몸이 안좋으니까 ○○가 안돼	➡	몸이 안좋아도 ○○는 할 수 있어!
day 069	왜 안해?	➡	몇 퍼센트 정도 했어요?
day 070	너 아니어도 일할 사람 많아	➡	○○ 씨가 있어서 참 다행이에요
day 071	이거밖에 못 했어?	➡	그래도 여기까지는 끝냈네요
day 072	왜 못해?	➡	어떻게 하면 할 수 있을까?
day 073	그런 것도 못해?	➡	애썼어요. 나이스 챌린지!
day 074	역시 너한텐 무리였구나	➡	여기까지 했으면 잘한 거야. 다음엔 더 잘할 거야
day 075	내 말 제대로 듣고 있어?	➡	지금까지 한 말, 이해가 돼요?
day 076	왜 못 알아들어?	➡	어떻게 설명하면 이해하기 쉬울까?

yes	
yes	
yes	
yes	
yes	
yes	
yes	
yes	
yes	
yes	
yes	
yes	

day 077	내가 너한테 일을 맡긴 게 잘못이지	➡	조금만 더 힘내봅시다
day 078	너 같은 사람은 처음 봤다!	➡	○○ 씨 생각은 어때요?
day 079	왜 이렇게 열정이 없어!	➡	요즘 뭐 힘든 일 있어요?
day 080	누가 그런 걸 좋아해!	➡	아, 그런 걸 좋아하는 사람도 있군요!
day 081	꾸물대지 마	➡	계속 꼼꼼하게 해줘. 대신 조금만 빨리 해줄래?
day 082	그건 틀렸어	➡	그렇게 생각할 수도 있겠네요
day 083	시끄러워	➡	조용히 좀 해줄 수 있을까요?
day 084	너 ○○ 안 하면, △△ 못해	➡	○○ 하면, △△할 거야
day 085	제대로 해	➡	이렇게 해주세요
day 086	이제야 좀 하는구나	➡	꾸준히 노력했군요
day 087	일단 다행이네!	➡	애 많이 썼네요
day 088	더 ○○해야지!	➡	더 ○○해질 거예요!
day 089	일단 해봐!	➡	○○ 씨는 잘할 거예요

yes	
yes	
yes	
yes	
yes	
yes	
yes	
yes	
yes	
yes	
yes	
yes	

day 090	좋네요!(△)	➔	○○가 △△라서 좋네요!(○)
day 091	머리 좋네요(△)	➔	이렇게 잘하다니 대단한데요(○)
day 092	감기 걸리지 마	➔	몸을 따뜻하게 하세요
day 093	무서워할 거 없어	➔	내가 옆에 있으니까 괜찮아
day 094	넘어지지 마세요	➔	발밑을 조심하세요
day 095	무리하지 마	➔	할 수 있는 만큼만 하세요
day 096	짜게 먹지 마	➔	재료의 맛을 느껴봐
day 097	재발하면 안돼	➔	오늘 맛있는 거 드시고 잘 주무세요
day 098	그 정도 노력은 누구나 해	➔	지금 잘하고 있어요
day 099	신경 쓰지 마	➔	괜찮아, 괜찮아
day 100	괜찮아, 괜찮아(○)	➔	○○라서 괜찮아요(◎)

※펩 토크를 좀 더 나은 펩 토크로 교정한 부분은 (○)(◎) 혹은 (△)(○) 표기가 돼 있습니다.

yes	
yes	
yes	
yes	
yes	
yes	
yes	
yes	
yes	
yes	
yes	

이마이 가즈아키 今井一彰

1995년 야마구치대학 의학부 졸업, 2006년 후쿠오카에 '미라이 클리닉'을 개업했다. 내과 의사인 그는 가능하면 약을 쓰지 않고 치료할 수 있는 방법을 독자적으로 모색했는데 그중 하나가 바로 입호흡을 코호흡으로 바꾸는 '아이우베 입 체조'이다. 이에 관한 이론을 정리한 책들이 수많은 독자들에게 사랑받으면서 이름을 알렸다.

『면역력을 높여 병을 고치는 입 체조 '아이우베'』, 『자율신경계를 조절해서 병을 고친다! 입 체조 '아이우베'』, 『면역력을 높여 자율신경을 조절하는 혀 트레이닝』 등등의 건강 실용서로 유명하다.

저자는 의사의 말만으로도 환자의 병을 치료할 수 있다는 걸 체험한 후 전문적으로 긍정 언어를 공부했는데 그것이 바로 '펩 토크'다. 이는 미국 스포츠 심리학에서 시작된 '긍정적인 말하기 기술'로 의료 현장뿐 아니라 가정, 학교, 회사에 얼마든지 응용해서 사용할 수 있다.

이 책에는 펩 토크 강사이기도 한 저자가 뽑은 긍정적인 펩 토크 100개가 수록되어 있다. 100일 동안 하루에 한 문장씩 여러 번 반복해서 연습하다 보면 어느새 몸도 마음도 건강해지고 인간관계도 일도 훨씬 수월해질 것이다.

이주희

한국외대 일본어과를 졸업한 후 해외의 좋은 책들을 국내에 소개하는 저작권 에이전트로 오랫동안 일했다. 옮긴 책으로는 『자존감이 쌓이는 말, 100일의 기적』, 『집에서 혼자 죽기를 권하다』, 『무조건 팔리는 카피 단어장』, 『이상하게 돈 걱정 없는 사람들의 비밀』, 『N1 마케팅』, 『아, 그때 이렇게 말할걸!』, 『아이디어를 현실로 만드는 기획력』, 『매력은 습관이다』 등이 있다.

자존감이 쌓이는 말,
100 일의
기적

1판 1쇄 발행 | 2022년 9월 28일
1판 3쇄 발행 | 2023년 1월 23일

지은이 | 이마이 가즈아키
옮긴이 | 이주희
발행인 | 김태웅
기획편집 | 박지호, 서진
디자인 | design PIN
마케팅 총괄 | 나재승
마케팅 | 서재욱, 오승수
온라인 마케팅 | 김철영, 김도연
인터넷 관리 | 김상규
제　작 | 현대순
총　무 | 윤선미, 안서현, 지이슬
관　리 | 김훈희, 이국희, 김승훈, 최국호

발행처 | (주)동양북스
등　록 | 제2014-000055호
주　소 | 서울시 마포구 동교로22길 14 (04030)
구입 문의 | 전화 (02)337-1737 팩스 (02)334-6624
내용 문의 | 전화 (02)337-1739 이메일 dymg98@naver.com
네이버포스트 | post.naver.com/dymg98
인스타 | @shelter_dybook

ISBN 979-11-5768-829-6　03190